CHINA HUNAN
中国·湖南

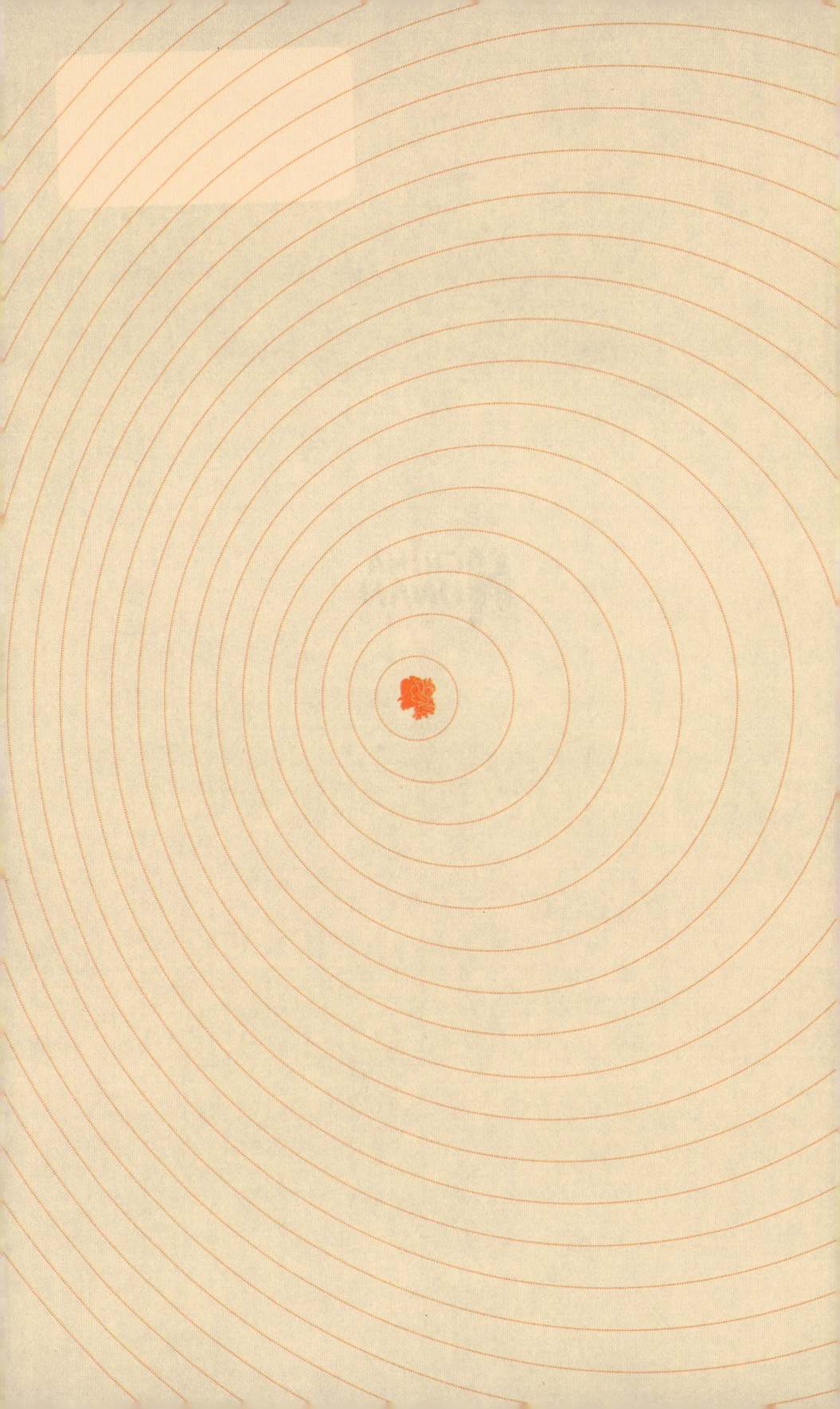

以"闯"的精神挑重担

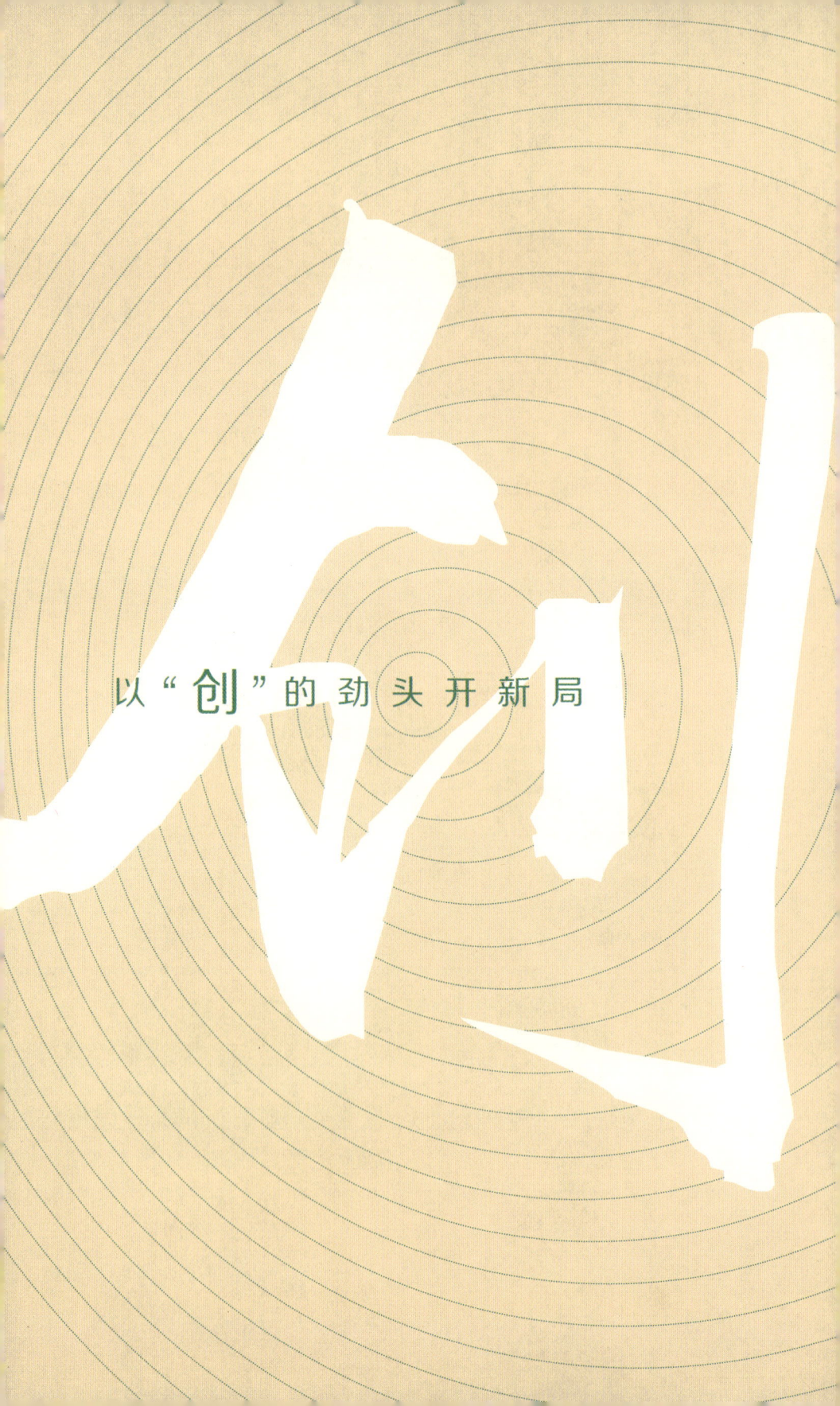

以"创"的劲头开新局

以"干"的作风求实效

新湖南 新征程

《新湖南 新征程》编写组

湖南人民出版社·长沙

要以"闯"的精神挑重担，完整、准确、全面贯彻新发展理念，积极服务和融入新发展格局，扬长避短、扬长克短、扬长补短，办好发展经济这个最大实事，做好改革发展稳定各项工作，把不进则退、慢进也退的危机感紧迫感，变为追赶跨越、走在前列的责任感使命感，在推动高质量发展上闯出新路子，努力实现更高质量、更有效率、更加公平、更可持续、更为安全的发展。

要以"创"的劲头开新局，高举改革开放伟大旗帜，坚决打开解放思想的"总开关"，紧跟时代发展潮流，把思想认识从不合时宜的观念做法中解放出来，从束缚发展的条条框框中解放出来，从传统僵化的思维定式中解放出来，准确识变、科学应变、主动求变，最大限度激发内生动力和发展活力，开辟湖南发展新境界。

要以"干"的作风求实效，崇尚实干办实事，勇于担责敢碰硬，对作出的决策、部署的工作、定下的事情，立说立行、紧盯不放、一抓到底，撸起袖子加油干，脚踏实地推动现代化新湖南建设迈出新步伐、见到新气象。

——摘自中共湖南省委书记、省人大常委会主任张庆伟《在省委十二届一次全会上的讲话》(《湖南日报》2021年12月5日)

目录 CONTENTS

01 关键词
闯·创·干
〔着力点〕 如何奋进新征程,建功新时代? / 004

02 关键词
国家重要先进制造业高地
〔着力点〕 如何奋力打造国家重要先进制造业高地? / 018
〔着力点〕 如何助力产业集群蓬勃发展? / 028
〔着力点〕 "湖南制造"如何步入数智新赛道? / 039

03 —— 关键词

具有核心竞争力的科技创新高地

〔着力点〕 如何加快构建全域创新体系？／054
〔着力点〕 如何探索关键核心技术攻关新型举国体制的
湖南模式？／066

04 —— 关键词

内陆地区改革开放高地

〔着力点〕 如何激发市场主体活力？／082
〔着力点〕 湖南自贸试验区建设如何按下"加速键"？／093
〔着力点〕 内陆大省崛起需要怎样的营商环境？／103

05 —— 关键词

经济高质量发展

〔着力点〕 如何扩大内需，畅通经济循环？／116
〔着力点〕 如何让区域协调发展澎湃更大动力？／127
〔着力点〕 产业高质量发展如何找到突破口？／141
〔着力点〕 实施强省会战略，湖南凭什么、怎么做？／152
〔着力点〕 如何抓实"五好"园区建设？／163
〔着力点〕 如何以县域经济高质量发展带动乡村振兴？／175

06 ── 关键词

法治湖南　平安湖南

〔着力点〕 如何打造依法治省样板？/ 190
〔着力点〕 如何答好平安湖南建设的"应急"卷？/ 203

07 ── 关键词

文化强省

〔着力点〕 牢牢掌握意识形态工作主动权，怎么看、怎么办？/ 216
〔着力点〕 文化产业如何再次创业？/ 227
〔着力点〕 湖南文旅如何书写"诗和远方"？/ 239

08 ── 关键词

共同富裕

〔着力点〕 奔向共同富裕，湖南怎么干？/ 252
〔着力点〕 如何推动三孩生育政策落地见效？/ 261
〔着力点〕 如何破解养老难题？/ 269
〔着力点〕 如何缓解群众"看病难、看病贵"难题？/ 280

09 关键词

美丽湖南

[着力点] 如何迎接"双碳"大考？ / 294
[着力点] 如何建设全域美丽大花园？ / 303

10 关键词

坚持和加强党的全面领导

[着力点] 如何理解坚决捍卫"两个确立"、做到"两个维护"？ / 316
[着力点] 如何推动党的创新理论在湖南落地生根？ / 329
[着力点] 如何践行新时代党的人才观？ / 339
[着力点] 如何在传承湖湘红色基因中涵养风清气正？ / 350
[着力点] 如何一体推进"三不"，建设清廉湖南？ / 360

● 后 记 / 372

01 关键词

闯·创·干

先 **读** 为 快

"闯"的精神

"闯"的精神,就是敢想敢干、勇于探索、迎难而上的进取精神。

"闯",既是题眼,更是姿态,始终凸显于湖南人的性格之中。

我们要牢记习近平总书记的殷殷嘱托,勇当敢闯敢试的开拓者、攻坚克难的搏击者,在登高处、"无人区"闯出新路径。

"创"的劲头

"坚持开拓创新"是党百年奋斗的一条重要经验。

"创"的劲头,就是敢为人先、大胆开拓、与时俱进的创新精神。

"创"的劲头,始终奔涌在湖南人民的血液里。

"干"的作风

"干"的作风,就是求真务实、脚踏实地、善作善成的实干作风。

反对空谈、推崇实干,一直以来都是湖南人的优良传统。

"实干",一直是湖南最耀眼的关键词。对"实干"的强调和践行,一直贯穿湖南的砥砺奋进中。

勇当敢闯敢试的开拓者

要不断解放思想,善于打破思维定式,用新的观点和新的思想去看待新问题。

要不断摈弃陈规陋习,及时制定出符合客观实际的规章制度。

要善于总结经验,把"敢闯"和"善闯"有机地结合起来,从而"闯"出更好的效果。

着力点

如何奋进新征程，建功新时代？

湖南省第十二次党代会提出，我们要牢记"江山就是人民、人民就是江山"的真理，坚持人民主体地位，赓续湖湘精神，永葆"闯"的精神、"创"的劲头、"干"的作风，在解放思想中闯出新路子，在真抓实干中闯出新天地，紧紧依靠全省人民开创美好未来。新征程的号角催人奋进，新阶段的愿景令人向往。我们要不负重托、敢于担当，全面落实"三高四新"战略定位和使命任务，在三湘大地上奋力谱写出新时代坚持和发展中国特色社会主义的华彩篇章。

永葆"闯"的精神，以攻坚克难的意志勇毅前行

"闯"的精神，就是敢想敢干、勇于探索、迎难而上的进取精神。2020年9月，习近平总书记在湖南考察，嘱托湖南"在推动高质量发展上闯出新路子"。"闯"，既是题眼，更是姿态，鼓舞着三湘儿女以超乎以往的勇毅、高出一筹的改革智慧，打开通向更美好未来的大门。

"闯"的精神，始终凸显于湖南人的性格之中。从屈原的求索精神，到王夫之的哲学思想；从"睁眼看世界第一人"魏源，到"我自横刀向天笑"的谭嗣同；从"为国民争人格"的骁将蔡锷，到共和国的主要缔造者毛泽东……孕育出"闯"在湖湘文化中不可磨灭的鲜明印记。从经济总量"闯"出4万亿元，到首倡之地"闯"出一条精准、可复制、可持续的脱贫路子，再到改革开放"闯"出新的重大突破……三湘人民用"闯"的精神，写就了一个个值得铭记的动人篇章。

近年来，湖南坚定不移推进全面深化改革，把发展主题聚焦到高质量发展上，努力探索新经验、闯出新路子。抓好经济体制改革，聚焦重点领域，狠抓落地见效，让政府"有形之手"与市场"无形之手"互为依托，激发市场主体活力。聚焦解决企业、群众"办事难、办事繁"问题，深化"放管服"改革，推行政务服务事项"一件事一次办"，"身

列数据

湖南：以新思想之光照亮奋进之路

湖南省委、省政府通过带头引领学、持续深入学、融会贯通学、联系实际学，始终用习近平新时代中国特色社会主义思想武装头脑、指导实践、推动工作，不断提高政治判断力、政治领悟力、政治执行力，准确领会党中央战略意图，不折不扣贯彻执行党中央决策部署，坚定不移把习近平总书记对湖南重要讲话重要指示批示精神一条一条落实好，以实际行动忠诚拥护"两个确立"、坚决做到"两个维护"，将新思想之光转化为奋进新征程、建功新时代、谱写新篇章的强大动力。

▶《习近平新时代中国特色社会主义思想学习问答》发行 270 余万册

▶《习近平谈治国理政》（第三卷）发行 223 万多册

▶《在庆祝中国共产党成立 100 周年大会上的讲话（2021 年 7 月 1 日）》发行 275 万多册

▶《中国共产党简史》发行 280 余万册

▶《论中国共产党历史》发行 70 余万册

在湖南、办事不难"正成为常态。推动文化产业持续做大做强，在全国率先成立湖南省国有文化资产监督管理委员会，建立"一企一策"社会效益考核量化评价指标体系。统筹推进县域内城乡义务教育一体化，全面规范中小学招生入学工作，制定中小学教师减负清单，打好消除大班额攻坚战，大班额、超大班额降幅居全国首位。坚持"房子是用来住的不是用来炒的"政策定位，加快健全房地产市场平稳健康发展长效机制，致力推动新建商品房"交房即交证"，保障人民群众"住有所居"。着力推动"三医联动"改革，公立医院综合改革全面覆盖，以按病种付费为主的多元复合式医保支付方式基本构建，药品和高值医用耗材集中采购制度逐步完善，城乡居民门诊、住院次均费用增幅从18%降到6%以下。

奋进新征程，建功新时代，我们要牢记习近平总书记的殷殷嘱托，勇当敢闯敢试的开拓者、攻坚克难的搏击者，在登高处、"无人区"闯出新路径，奋力谱写新时代坚持和发展中国特色社会主义的湖南新篇章。一是要不断解放思想。思想观念往往具有相对独立性，人们的思想认识在一定时期内往往形成一定的思维定式，想问题、做事情不是按变化了的客观实际，而是按照老习惯老一套去思索、去解决。因此，要善于打破思维定式，用新的观点和新的思想去看待新问题。二是要不断摈弃陈规陋习。社会历史是随着实践的深入而不断向前发展的，曾经很适时、很合理、很管用的惯例和规章制度，随着时间的推移会逐渐过时，不合理、不适用了。为此，我们应该及时制定出符合客观实际的规章制度。三是要善于总结经验。"前事不忘，后事之师。"善于总结经验教训，才会使我们不犯大错误，才能使我们在实践中增长智慧和才干，更熟练地运用"闯"的技巧和艺术。我们要把"敢闯"和"善闯"有机地结合起来，从而"闯"出更好的效果。

永葆"创"的劲头，以敢为人先的魄力开拓创新

"创"的劲头，就是敢为人先、大胆开拓、与时俱进的创新精神。创新是一个国家、一个民族发展进步的不竭动力。越是伟大的事业，越充满艰难险阻，越需要艰苦奋斗，越需要开拓创新。习近平总书记指出，抓创新就是抓发展，谋创新就是谋未来；不创新就要落后，创新慢了也要落后。在党的十九届六中全会《中共中央关于党的百年奋斗重大成就和历史经验的决议》中，"坚持开拓创新"是党百年奋斗的一条重要历史经验。可以说，惟创新者进，惟创新者强，惟创新者胜。

"创"的劲头，始终奔涌在湖南人民的血液里。毛泽东"敢教日月换新天""可上九天揽月，可下五洋捉鳖"等诗

句，是湖南人敢闯敢试、敢于创新的真实写照。在数千年的中华史册中，湖南人民用"筚路蓝缕，以启山林"的创新开拓精神，写下了浓墨重彩的笔笔印迹。近代以来，湖南更是涌现出一批批敢为人先的仁人志士，屡屡力挽狂澜，成就旷世伟业，中国的命运因之而改变。从"建党先声""建军摇篮"到"建政先河"，从勇闯科技创新的无人区，突破"卡脖子"技术瓶颈，到多个领域独创世界第一……湖南谱写了创新的辉煌史诗。

近年来，湖南始终把创新摆在发展的核心位置，依靠创新驱动引领经济社会发展，交上了一份稳中求进、经济增长和效益双递增的高质量答卷。打好关键核心技术攻坚战，探索关键核心技术攻关新型举国体制的湖南模式，实行"揭榜挂帅"等制度，实施一批重大科技项目，攻克一批"卡脖子"技术难题。加强基础研究，强化技术创新源头供给，推动基础学科和技术学科交叉融合，取得一批领跑世界的原始创新成果。加快"三区两山两中心"和湖南先进技术研究院等重大创新平台建设，争取国家级创新平台布局，培育岳麓山国家实验室，创建长株潭国家区域科技创新中心，启动建设湖南省实验室，进一步健全技术创新中心体系。激活"第一资源"，抢占人才制高点，落实"芙蓉人才行动计划"，实施湘湖人才聚集工程，建立了梯次推进、体系完备、定位

讲故事

湘江鲲鹏：
凌云展翅飞 "犇"向新高地

为解决关键领域"卡脖子"问题，2019年，华为携手拓维信息成立湖南湘江鲲鹏信息科技有限责任公司，计划在未来五年内投资30亿元打造鲲鹏产业生态。2020年4月28日，首台"湖南造"湘江鲲鹏服务器下线，下线首月，便达成意向订单金额1.6亿元，实现销售额近2200万元。按照计划，"湘江鲲鹏"三年产服务器50万台，实现产值100亿元。"湘江鲲鹏"的诞生，是长沙力争崛起为中部乃至全国移动互联网产业"高地"的缩影。

明确的高层次科技人才支持体系。营造一流创新生态，打通科技成果转化"最后一公里"，深化科研放权赋能改革，以科技创新引领全面创新，让创新蔚然成风。

奋进新征程，建功新时代，我们要始终永葆"创"的劲头，继续吹响改革创新的冲锋号角，再创湖南发展新辉煌，努力把习近平总书记擘画的宏伟蓝图变成美好现实。一是要树立突破意识，善作善成、创新创造。既要有敢闯敢干的勇气和胆魄，还要有善于做成事的智慧和方法，用巧劲而非用蛮力推动创新创造。要善于抓主要矛盾和矛盾的主要方面，瞄准重点难点，找准突围口集中力量攻坚，以一点突破，活跃一大片。二是要保持坚强意志，永不懈怠、永不停滞。创业维艰，守成不易，改革更难。我们现在所处的是一个"船到中流浪更急、人到半山路更陡"的时候，绝不能有半点骄傲自满、故步自封，也绝不能有丝毫犹豫不决、徘徊彷徨，必须保持一往无前的奋斗姿态、风雨无阻的精神状态，勇立潮头、奋勇搏击，不断抵达改革新境界、发展新高度。三是要增强创新本领，赢得主动、赢得未来。新长征路上，还有许多"娄山关""腊子口"等待我们去攻克，唯有善于学习、加快成长、练就高强本领，积极应对形势任务发展带来的挑战，才能推陈出新、攻坚克难，努力把习近平总书记为湖南擘画的宏伟蓝图变成美好现实。

永葆"干"的作风，以不负时代的作为建功立业

"干"的作风，就是求真务实、脚踏实地、善作善成的实干作风。社会主义不是喊出来的，是实实在在干出来的。回顾党的百年风雨历程，强调实干、注重落实一直是我们党应对挑战、开拓进取、不断取得胜利的重要保障。党的十八大以来，习近平总书记一再强调"全面建成小康社会要靠实干，基本实现现代化要靠实干，实现中华民族伟大复兴要靠实干"，告诫全党同志"要牢记空谈误国、实干兴邦的道理，坚持知行合一、真抓实干，做实干家""撸起袖子加油干"。

反对空谈、推崇实干，一直以来都是湖南人的优良传统。"心忧天下""经世致用""康济时艰""学贵力行"的湖南精气神，本质上就是湖南人崇尚实干的集中体现。习近平总书记在湖南考察时指出，岳麓书院是党的实事求是思想路线的重要策源地之一。从湖南的发展历程来看，正是一代又一代的党员干部秉持实干精神，将党的好理论、好政策转化为湖南发展的动力，将湖南发展的科学思路转化为真抓实干的实际行动，才有了今天面向未来的底气。

近年来，"实干"一直是湖南最耀眼的关键词。对"实干"的强调和践行，一直贯穿湖南的砥砺奋进中。打响供给侧结构性改革攻坚战，"三去一降一补"成效显著。办好

民生实事，打赢脱贫攻坚战，全省51个贫困县全部脱贫摘帽，6920个贫困村全部脱贫出列，682万建档立卡贫困人口全部脱贫。认真开展"我为群众办实事"实践活动，下大力解决"学位、床位、车位、厕位"等问题。加强和创新基层社会治理，常态化开展扫黑除恶斗争，统筹抓好风险防范化解、安全生产、疫情防控等工作，平安湖南建设迈上更高水平，社会大局保持和谐稳定。交好"生态答卷"，牢记习近平总书记"守护好一江碧水"的殷殷嘱托，坚定不移地走"共抓大保护、不搞大开发"的生态优先、绿色发展之路，织牢生态环境"防护网"，保证"米袋子""菜篮子""水缸子"安全。全面从严治党，动真格查处洞庭湖区下塞湖非法矮围问题，强力整治"提篮子""打牌子"等问题，相继制定整治形式主义官僚主义的意见、"20条措施"和"10条措施"，努力营造山清水秀、海晏河清的政治生态。

奋进新征程，建功新时代，我们要始终永葆"干"的作风，以时不我待的紧迫感和责无旁贷的使命感，全面贯彻落实"三高四新"战略定位和使命任务，干在实处，走在前列，努力在建设现代化新湖南的火热实践中建功立业。一是要以实为要、以干为先。党员干部要带头转变作风，埋头苦干、真抓实干、科学巧干，不搞面子工程和政绩工程，而是真真切切地回应广大人民群众的迫切需求，努力让人民群众的获得感更强、满意度更高、安全感更足。二是要知重负重、勇毅前行。要做到知重勇负重、迎难不畏难，对待工作不拈轻怕重、对待岗位不挑肥拣瘦，主动下沉到一线，奋斗到前沿，用心用情用力开展工作。三是要善始善终、善作善成。实干出实效，实效体现在实绩上。全省党员干部要甘当人民群众的小学生，善于向群众取经，勤于向群众问策，总结群众的经验，汲取群众的智慧，回应群众的诉求，把各项工作真正落到实处，争取获得"看得见、摸得着"的实效。

"大鹏一日同风起，扶摇直上九万里。"新时代，新征程，新湖南。三湘儿女要以刻不容缓、时不我待的紧迫感，敢为人先、锐意进取的责任感，我将无我、不负时代的使命感，大胆地"闯"，进取地"创"，拼命地"干"，闯出一片新天地，创出一番新业绩，干出一个新湖南。

曹健华 中共湖南省委党校（湖南行政学院）常务副校（院）长
湖南省中国特色社会主义理论体系研究中心特约研究员

02 关键词

国家重要先进制造业高地

先读为快

打造国家先进制造业高地

这是习近平总书记为湖南制造业发展指明的方向、锚定的坐标。

坚持把创新作为引领发展的第一动力。

坚持人才是打造国家重要先进制造业高地的第一资源。

瞄准产业发展方向推动产业转型升级,是实现产业可持续发展和推动产业链现代化的必由之路。

产业集群

先进制造业集群具有产业、企业、科技、人才和品牌集聚协同融合发展的综合竞争优势。

重点谋划一批战略性支柱产业和一批战略性新兴产业,以先进制造业为重点抓产业、强实体。

湖南打造万亿级世界性产业集群,需要内外兼修。

从数字到数智

制造业数智化是指通过数字化、网络化、智能化三个递进阶段，逐步实现智能工厂转型、跨企业价值链延伸、全行业生态构建与优化配置。
科技创新是制造业高质量发展的核心驱动，只有打造更多"独门绝技"，才能在竞争发展中游刃有余。

数据共享

数字化技术的泛在连接和跨域协作，形成了海量的数据资产，数据作为新的生产要素将为企业的生产、组织和运营带来新的价值创造。
打破体制机制障碍，促进与智能制造相关的政府部门、事业单位、行业企业间的数据交易流通，推动数据开放共享，培育交叉融合的大数据应用新业态。

着力点

如何奋力打造
国家重要先进制造业高地?

万丈高楼平地起。先进制造业是国民经济的发动机,是工业强国的"压舱石",立足新发展阶段,把握新发展理念,构建新发展格局,必须把先进制造业作为发展的重中之重,什么时候都不能动摇和迟疑。湖南打造国家重要先进制造业高地有基础,在中部有地位,在全国有影响,我们要有这个信心;湖南打造国家重要先进制造业高地有路径,构建现代产业新体系已布局,我们要有这个决心;湖南打造国家重要先进制造业高地有行动,定机制、出政策、建平台、优服务,我们要有这个诚心。

坚持高位推动

湖南省委、省政府全力推动打造国家重要先进制造业高地。

全面部署。省委全会、省委常委会、省政府全会、省政府常务会多次专题研究，作出决定、出台方案，打出了一系列"组合拳"。

高位推动。省委、省政府主要领导亲自谋划、亲自推动高地打造，作出一系列指示要求，推动了省政府与工业和信息化部、商务部、生态环境部、农业农村部等部委签署部省合作协议。进一步做实省领导联系产业链制度，出台新的工作方案。省委、省政府领导亲自联系22条产业链群，多位省领导深入企业调研，着眼高地谋新招，及时协调解难题，推动了一大批问题的解决，带动了各级各部门领导紧盯高地目标抓工作的浓厚氛围。

打造平台汇聚合力。大力探索一个产业一个品牌会展平台的模式，举办了2021世界计算大会、北斗规模应用国际峰会、工程机械展、"三航"高层座谈会、通用航空产业博览会、全国信创论坛等一批档次高、规模大、影响广的会展活动，集聚了各方人气，签约了一大批项目，开辟了广阔的市场，有力地推动了产业发展。

学典型

打造国家重要先进制造业高地，长沙这样干

2021年2月20日，长沙出台《长沙市打造国家重要先进制造业高地三年行动计划（2021—2023年）》的"万字规划"，指出未来三年，长沙将围绕建设国家重要先进制造业高地，培育一批具有核心竞争力和国内外影响力的产业集群，涌现一批具有行业主导权的龙头企业，在若干领域达到世界先进水平，显著增强制造业综合实力。该计划的面世，为长沙打造国家重要先进制造业高地擘画了一张宏伟蓝图。

谋划顶层设计

打造国家重要先进制造业高地是一个复杂的系统工程，必须加强顶层设计，讲清楚什么是高地，如何建设高地。

注重规划引领。立足服务国家战略彰显湖南担当，湖南出台了《湖南省打造国家重要先进制造业高地"十四五"发展规划》，聚焦"3+3+2"领域构建现代产业新体系，明确提出打造工程机械、轨道交通装备、中小航空发动机及航空航天装备3个世界级产业集群，建设电子信息、新材料、新能源与节能3个国家级产业集群，大力提升传统产业、培育未来产业等战略构想，到2025年，建设5个万亿级产业、20个千亿级产业。为确保高地规划落实落细，延伸编制20个行业规划和9个专项规划，构建了完整的制造业规划体系。

突出政策支撑。围绕打造高地完善政策支撑体系，在两化融合方面，出台深化新一代信息技术与制造业融合发展等政策；在产业发展方面，出台支持通用航空、生物医药、软件等产业政策；在产业配套方面，出台先进制造业供应链配套发展等政策；在资源利用方面，出台支持有色金属资源综合循环利用产业延链强链等政策。

强化法治保障。为了更好地利用法治手段保障高地建设，湖南在积极推动全省先进制造业条例、网络安全和信息化条例的立法工作，目前相关立法工作已进入省人大审议环节。

加强技术创新

坚持把创新作为引领发展的第一动力,立足高水平自强自立,强化技术创新,为打造高地提供坚实的技术支撑。

建设多层次多类型创新平台。把创新平台作为基础支撑来抓,全省制造业领域累计建成国家制造业创新中心1家、国家重点实验室17个、国家工程实验室9个、国家工程研究中心4个、国家工程技术研究中心13个、国家产业技术基础公共服务平台3家、国家技术创新示范企业32家、国家企业技术中心59家。

加强关键技术攻关。聚焦突破"卡脖子""掉链子"问题,确保产业链安全稳定。通过组织企业参与国家"揭榜挂帅"、承担国家产业基础再造攻关项目、实施科技专项和省级产品创新强基项目等,攻克了轨道交通用6500伏IGBT(绝缘栅双极型晶体管)芯片、超高温轻质复合材料等一批"卡脖子"技术及产品,推动高阻尼桥梁隔震橡胶支座等一批产品和技术实现产业化,"海牛Ⅱ号"深海海底钻机让世界见证"中国深度"。其中聚焦工业"五基"实施的128个产品创新强基项目,突破关键核心技术509项,获授权发明专利395件。

强化人才支撑。坚持人才是打造国家重要先进制造业高地的第一资源,深入实施"芙蓉人才行动计划",开辟产业链人才认定通道,围绕三大世界级产业集群加快筹办设立3所本科职业院校。

产业成链成群发展

纵向成链、横向成群,是产业演进的规律。

加强产业协作配套。湖南省工业和信息化厅组织开展了27条产业链对接活动,引导"链主"企业开展"卓越同行""国企帮民企""大手拉小手"等活动,打通了产业链配套的一些堵点,促进产业链上中下游企业之间的协作配套。

梯度培育优质企业。富有竞争力的产业链群必须依托大批优质企业来支撑。2020年以来,湖南支持领航企业整合国内外资源,增强国际竞争力,三一重工跻身《福布斯》全球500强,铁建重工掘进机行业综合竞争力、营收利润率全球第一。强化制造业"单项冠军"政策扶持力度,全省已有国家级制造业"单项冠军"企业和产品26个;支持中小企业专精特新发展,新增国家级专精特新"小巨人"企业162家,总数达232家,居全国第7位、中部第1位。

加快建设"五好"园区。围绕建设"五好"园区,举办了多场产业政策、智能制造、工业设计、金融服务进园区活动。2021年,永州经开区、邵阳经开区升级为国家级园区,长沙工程机械、株洲轨道交通装备在国家先进制造业集群竞赛中胜出,湖南获胜集群个数居中西部地区第1位。

列数据

打造国家重要先进制造业高地

湖南的底气——

- **3个** 万亿级产业：装备制造、农产品加工、材料
- **14个** 千亿级产业
- **三大世界级产业集群**：工程机械、轨道交通装备、航空动力

湖南的锐气——

力争到 2025 年

制造业增加值占全省生产总值比重达到 **30%** 左右

先进制造业占全部制造业比重达到 **60%** 以上

实现 "**1125**" 目标：

提升 **100** 个园区创新承载能力

开发 **1000** 项重大技术创新产品

培育形成 **20** 个千亿级产业、**5** 个万亿级产业

到 2035 年

建成具有较强竞争力的现代产业新体系

全面完成制造强省建设目标任务

把湖南打造成为国家重要先进制造业高地

加快"四化"升级

瞄准产业发展方向推动产业转型升级，是实现产业可持续发展和推动产业链现代化的必由之路。

加快智能化升级。湖南出台了新一代信息技术与制造业融合发展等政策，启动湖南省中小企业深化"上云上平台"实施数字化网络化智能化转型三年行动计划（2021—2023年），带动全省中小企业"上云"41万户、"上平台"1.8万户，2021年实施628个制造业数字化转型重点项目，工程机械行业"5G+工业互联网"成为全国标杆。

加快绿色化改造。湖南持续深入推进供给侧结构性改革，坚决淘汰落后产能，关闭退出沿江化工企业38家、异地迁建3家；创建国家绿色工厂100家，居全国第8位；认真落实碳达峰、碳中和（简称"双碳"）要求，研究制订有色、建材等产业降碳方案，并大力推进实施。

加快服务化延伸。积极推动服务型制造模式创新，中车株机、三一集团、中联重科等企业从装备提供商向制造与服务一体化供应商转变，取得了良好的效果。

加快品牌化提升。通过开展工业品牌培育试点示范、建立品牌培育工作机制、实施品牌培育系列行业标准、加大工业品牌宣传力度，累计认定省级工业品牌培育示范企业67家，示范带动全省企业品牌意识的提升。

优化营商环境

好的发展环境是吸引力、发展力和竞争力。湖南以打造国家重要先进制造业高地为契机，努力打造市场化、法治化、国际化一流营商环境。2021年度"万家民营企业评营商环境"调查显示，湖南的营商环境在全国省份中排名第8位，比2020年提升了两位。

进一步深化简政放权。深化"一件事一次办""三集中三到位"改革、项目审批制度改革，最大限度减少建设项目涉及的审批部门、审批事项、审批环节、审批时间。目前，"一次办""网上办"比例超过95%，将企业开办6个联办事项的办理时间压缩到2个工作日以内，将项目审批时间由过去的一个月左右减少到几天。

推动市场环境更加公平规范。出台《关于强化知识产权保护的实施意见》，为全面落实"三高四新"战略定位和使命任务提供有力的知识产权保护。进一步落实企业的投资主体地位，全面保护企业物权、债权、股权等各种类型的财产权。

强化要素保障。针对缺资金问题，发布制造业企业"白名单"，建立"一链一行"的主办行机制，深入推进金融"暖春行动"，助力企业获贷款2300多亿元；围绕缺电、缺工、缺芯以及大宗商品原材料价格高涨等问题一一协调服务，解决了一大批企业的"急难愁盼"问题；做好防范和化解拖欠民营企业、中小企业账款工作，整体清偿率达98.52%。

一打纲领，不如一个行动。打造国家重要先进制造业高地，目标已定，方向已明，合力已成，现在需要的是咬定青山不放松，任他东西南北风，以钉钉子的精神，把规划变成计划，把计划变成项目，把项目落到实处，打好产业基础高级化、产业链现代化攻坚战，构建以先进制造业为支撑的现代产业体系。

湖南省工业和信息化厅

着力点

如何助力产业集群蓬勃发展？

"一花独放不是春，百花齐放春满园。"集群化是制造业向中高端迈进的必由之路，也是提升经济竞争力的内在要求。发展先进制造业，绝不是单打独斗、一人包打天下，而是要抱团发展、优势互补。助力产业集群发展，犹如建设一座巍峨的宫殿，需要"夯基垒台"打根基，"立柱架梁"搭框架，"修葺开门"迎宾朋，在补链中补短板，在延链中拓空间，在强链中强优势，激发产业活力，创造先发优势，形成产业集群蓬勃发展的良好态势。

实施"夯基"行动

科技创新、制度创新，对产业集群发展来说，既是一项聚沙成塔的基础工程，又是一项垒土成台的长期工程，需要持续用力，久久为功。

产业要发展，科技创新是根本。湖南产业集群的发展，必须以创新型省份建设为统揽，着力打造具有核心竞争力的科技创新高地，在突破"卡脖子"技术、打造国之重器上作出湖南贡献。

引进领军型人才。以"双一流"建设为契机，制定具有吸引力的政策，在智能制造、生物医药、新材料、电子信息、航空航天等领域引进造就一批学科产业"双栖型"领军人才，集聚一批前瞻性产业技术创新人才与研发团队，围绕攻克"卡脖子"技术和关键零部件本土配套实施攻关行动。

全面培育发展新优势。加快湖南先进技术研究院等重大创新平台建设，争取国家级创新平台布局，培育岳麓山国家实验室，创建长株潭国家区域科技创新中心，启动建设湖南省实验室，打造与"上海张江""武汉光谷"齐名的"岳麓科创"创新品牌。大力实施创新主体增量提质计划和科技型企业"十百千万"培育工程。

学典型

中联重科树立智能制造行业标杆

2021年12月,工信部发布《关于2021年度智能制造试点示范工厂揭榜单位和优秀场景名单的公示》,三一重工、中联重科、山河智能等7家湖南企业的7个项目入选2021年智能制造试点示范工厂揭榜单位。

此次上榜的中联重科"挖掘机械智能制造示范工厂"项目,即中联智慧产业城首开园区——挖掘机械智能制造园区,是全球唯一一个从备料、焊接、机加、涂装、装配到调试的挖掘机全生产流程智能制造基地。园区集"智能化、数字化、绿色化"于一体,拥有行业内智能化程度最高、制造柔性最好的智能工厂和无人化"黑灯产线",光一个装配车间,就有2600个传感器。

构建新型集群式模式。鼓励集群内小型企业通过专业化分工、学习和模仿、独立开发、联合开发等途径，提升集群协同创新能力，突破相关领域技术垄断。如飞沃科技专注于高强度紧固件领域，通过自主创新，与高校合作开发，获得国家发明专利16项，实用新型专利14项，软件著作权15项，主导参与制定国家标准4项。

加大对企业研发的扶持。延长"研发费用在据实扣除基础上，再按照75%税前加计扣除"的税收优惠政策，或者提高研发费用加计扣除比例至200%~250%，适当提高企业研发投入新增部分的财政奖补比例，由10%提高到15%，更大力度地支持企业科技创新。

实施"垒台"行动

产业要发展，制度创新是基础。湖南产业集群要发展，必须加快打造世界级产业集群的保障体系。

加强生产要素协调，提高运行组织化程度。通过统筹布局、政策保障、规划引导等手段，加强生产要素协调，提高工业经济运行组织化程度。研究谋划新一轮制造业高质量发展政策，对重点产业、重点领域给予"滴灌式"支持，提供全方位服务和保障。根据企业资源集约利用综合评价结果，实行差别化要素保障政策，全力破解土地要素制约瓶颈，推动全省金融机构支持产业链，核心企业牵头开展供应链金融创新，构建立体化产业金融生态。

坚持人才引领发展的战略地位，打造湖湘人才高地。编制发布行业重点人才图谱，采取"团队式"引进、"雁阵式"引进、"两栖式"引进、"借脑式"引进等方式，加快引进一批国际顶尖科学家、前沿领军人才和高层次人才团队，聚天下英才而用之。对全球顶尖人才领衔的团队或项目实行"一事一议、特事特办"。积极探索海内外专家柔性引进机制、定向联系引进机制，鼓励企业在全球建设"人才飞地"。

建立健全产业多样性服务体系。逐步完善知识产权、数字网络、标准认证、检验检测、绿色制造、成果转化与产业化治理等服务体系。形成以领先技术为核心的"公司+联盟"体系、以顶尖技术人才为中心的精准技术服务体系以及以共享为重点的成果转化与产业化体系。

实施"立柱"行动

立足当前，谋划未来，筑牢工业"六基"（基础零部件、基础元器件、基础材料、基础工业软件、基础工艺与装备、产业技术基础），重点谋划一批战略性支柱产业和一批战略性新兴产业，以先进制造业为重点抓产业、强实体。

立足新兴优势产业链，打造世界级产业集群。进一步提质升级工业新兴优势产业链，努力把工程机械、轨道交通装备、中小航空发动机及航空航天装备等优势产业打造成世界级产业集群，将电子信息、新材料、新能源与节能等新兴产业打造成国家级产业集群，形成百亿级、千亿级、万亿级梯次发展的先进制造业集群。

兼顾培育"全能冠军"和"单项冠军"，形成梯次先进制造业集群。推动梯次发展，不仅要培育一批顶天立地的世界级领军企业，也要培育一批行业骨干企业；既要培育一批如中联重科、三一重工之类提供综合解决方案的"全能冠军"企业，也要培育一批如湖南机油泵、蓝思科技、飞鹿股份、飞沃科技之类的"单项冠军"企业以及"专精特新"企业。着重实施领军企业"登峰"和"独角兽"企业培育工程，为产业集群中的中小企业发展设立规划图和施工图，引导产业链中小企业走上专业化、精细化、特色化、新颖化的发展道路，构建"龙头企业—瞪羚企业—高新技术企业"的创新型企业培育梯队体系。

讲故事

以法治力量推动
湖南先进制造业跨越式发展

2022年1月11日,《湖南省先进制造业促进条例》颁布,提出湖南省重点打造工程机械、轨道交通装备、中小航空发动机以及航空航天装备和电子信息、新材料、新能源与节能、输变电装备等先进制造业产业集群,推动石化、有色金属、汽车制造、冶炼压延加工、农业机械等传统优势产业集群转型升级,培育人工智能、工业互联网、生态环保、生物技术、药品、医疗器械等未来以及新兴支柱产业集群。

实施"架梁"行动

加快建设合作共赢的产业竞合生态。建立集群内企业联盟,鼓励龙头企业对上下游企业开放资源,与中小企业建立稳定合作关系,构建创新协同、产能共享、供应链互通的新型产业发展生态。通过兼并收购的方式与相关企业优势互补、交叉持股或强强联合,通过资本运作实现快速扩张和规模增长。

实施产业链根植生长计划。围绕产业链,突出延链补链强链,绘制"产业链"全景图,积极推动产业链与供应链、创新链、资金链、人才链、政策链深度融合。通过有针对性的引进和本地培育,推动延链、补链与壮链,提高工程机械、轨道交通装备、中小航空发动机及航空航天装备等产业集群的本土配套化率,提升产业链供应链稳定性和现代化水平。支持参与全国供应链创新与应用示范创建,培育一批制造业现代供应链示范企业。

实施"修葺"行动

湖南要打造万亿级世界性产业集群,需要内外兼修。对内"以数字赢天下",推动产业体系的智能化升级改造,对外"以开放抢先机",加快探索新发展格局下"走出去"的新路子。

加快数字赋能步伐。对标世界一流企业，通过全价值链数字化运营、智能排产、工业AI、数字孪生、全流程智能物流、工业互联网大数据平台等多维度结合，推进企业数字化转型。重点围绕销售运营计划（SOP）、生产计划协同、自动化改造、IoT（物联网）融合等方面展开，实现少人式生产、协同式生产、柔性式生产、精益式生产、绿色式生产、预测式生产等目标。

建设全省统一的工业互联网生态平台。加大产业集群的数字化改造、网络化协同、智能化升级，建议重点支持三一树根互联项目和中联重科的ZValley OS（云谷工业互联网平台）项目，推进工业互联网技术创新中心以及国家工业互联网域名标识解析二级节点建设。建设和推广工业互联网平台，带动全省制造业的数字化升级，发挥产业链、供应链联动优势，整体提升产业数字化水平。

打造全省产业集群的绿色智慧工厂。加强大型化、一体化、智能化以及绿色发展和清洁低碳路线。强化企业转型升级项目的谋划储备和统筹布局，从产业链角度让业务布局更合理，减少因布局分散造成的长距离运输等不必要的能耗，加速节能增效等创新技术和工艺的商业化。

实施"开门"行动

加大企业数字化"走出去""引进来"力度。重点围绕获客管理、客户画像、销售预测与漏斗管理、客户交互、合同管理、订单交付管理、营销大数据分析、智能服务等方面展开。做好数字化全球销售和服务的谋划布局,积极拓展海外市场份额,以"一带一路"沿线国家和地区为重点,发挥中非经贸博览会、湖南自贸试验区等平台优势,强化重要资源、技术、产品、服务多元化供应和国际产能合作。

构筑亚太供应链管理节点。有效对接和利用全球资源,构建亚太供应链共同体,更好融入全球产业链供应链。大力支持龙头企业开展跨地区战略合作,加强第三方市场合作,加大对海外优质企业的兼并重组,推动境外投资向研产销全链条拓展,加速融入全球供应链、价值链和创新链,鼓励领航企业积极在全球布局研发设计中心,支持企业在全球投资布局供应链管理中心。

不断提升本土品牌国际影响力。鼓励积极建设中外合作园区,吸引更多的全球高端要素、高端制造能力,支撑促进企业发展。鼓励通过多种方式在国际市场宣传湖南产业集群品牌。大力开拓区域全面经济伙伴关系协定(RCEP)成员国、非洲国家等新兴市场,稳步推进境外经贸合作区建设,带动全省产业集群相关产品及服务走向全球市场。

产业兴则湖南兴，产业强则湖南强。要打造一批世界领先的产业集群、具有全球竞争力的领军企业、具有国际影响力的品牌产品、具有全国先进水平的产业园区，就要瞄准科技前沿、盯准市场需求、激发企业活力、优化营商环境，引来一个带来一窝，实现"大珠小珠落玉盘"的动人前景。

陈旺民　湖南省社会科学院产业经济研究所高级经济师

着力点

"湖南制造"如何步入数智新赛道?

一个时代有一个时代的产业坐标,一个时代有一个时代的引领风向。面对新一代技术革命和产业革命交融带来的机遇与挑战,面对"芯屏汽合""集终生智"日益成为各地竞相角力的主赛场,湖南必须利用新技术、新机遇放大自身优势和能力储备,夯实产业基础,关注产业增量发展,把目光放到引领产业走向的数字化、智能化方向上,坚持以布局新赛道塑造未来竞争优势,以战略眼光和前瞻思维加快新赛道布局、新赛手培育、新赛场建设,全面提高产业竞争力。

制造强省建设的"湖南行动"

当今世界，大数据、物联网、人工智能、区块链等数字技术与传统产业持续高度耦合、深度叠加，正推动制造业步入数智化发展新阶段。抓住数字经济和智慧社会建设带来的新机遇，以"打造国家重要先进制造业高地"为重要抓手，高水平推进制造强省建设，既是贯彻落实中央重要精神的政治责任，更是提升湖南制造业核心竞争力、建设现代化新湖南的有力担当。

高水平推进制造强省建设，湖南拿出了"闯"的精神。2015年11月12日，《湖南省贯彻〈中国制造2025〉建设制造强省五年行动计划（2016—2020年）》正式出台，科学指引制造强省建设。2016年上半年，湖南率先成立高规格的制造强省建设领导小组，以及以两院院士为主的湖南制造强省建设专家咨询委员会，为推进制造强省建设装上强劲"双引擎"。2020年9月，省政府印发《关于加快推进工业新兴优势产业链发展的意见》，围绕制造强省建设重点产业领域，打造20个工业新兴优势产业链（工程机械、先进轨道交通装备、航空动力等）。

接力奋斗，"闯"字当先。2021年11月，湖南省第十二次党代会报告对打造国家重要先进制造业高地进行了重点部署，明确提出要深入推进"八大工程"，创建国家制造业高质量发展试验区，打造一批世界领先的产业集群、具有全球竞争力的领军企业、具有国际影响力的品牌产品、具有全国先进水平的产业园区。推进智能制造赋能，推动产业智能化、绿色化、服务化、品牌化发展。2021年12月，省长毛伟明在制造强省建设推进大会上指出："要深刻认识我省提升制造业核心竞争力所肩负的政治责任、承载的历史使命和体现的发展担当，高水平推进制造强省建设，奋力打造国家重要先进制造业高地。"一系列科学有力政策措施的实施，为湖南构建以先进制造业为核心的现代制造业体系提供了重要支撑，这正是"闯"的精神一以贯之的生动写照。

高水平推进制造强省建设，湖南展现了"创"的劲头。经过持续创新攻关和建设，湖南培育了工程机械、先进制造、轨道交通装备等一批万亿级、千亿级产业集群，打造了三一集团、铁建重工、中南智能、中车株洲所、中联重科等一大批制造领域中具有国际竞争力的企业集团。全省主要工业互联网平台累计研发工业App超过13000个，连接工业设备超过350万台，平台线上注册用户超28万，撮合的交易额超700亿元。"树根互联""智轨云"等湖南省自主工业互联网平台及应用，不断颠覆传统制造模式、生产组织和产业形态。

新形势下，创新意识和能力尤其需要赓续传承。制造业数智化是指通过数字化、网络化、智能化三个递进阶段，逐步实现智能工厂转型、跨企业价值链延伸、全行业生态构建与优化配置。其中，数字化是将种类繁多的工业传感器布置于生产与流通的全流程，将工业过程各主要参数制式数字化，产生大量工业数据，为智能化奠定数据基础；网络化是工业通信将传感器采集到的工业数据低延迟、低丢包率地传输至云端，进而进行海量数据的汇聚、提炼、模型计算等，实现资源优化与预测；智能化是依托区块链、人工智能等技术，打通工厂内部和供应链各个环节数据流，"立足当前，着眼长远"，分阶段、持续性地实施智能化转型。在三者的演进过程中，科技创新密集发生，谁走在前列，谁就能占得先机、把握主动。由此可见，在高水平推进制造强省建设过程中，"创"的劲头不但不能丢，还需持续加强。

高水平推进制造强省建设，湖南需再强化"干"的作风。前期成绩的取得，无一不是实干的结果。现阶段，我国制造业发展仍面临许多重要任务：解决智能制造关键核心技术"卡脖子"和基础零部件空心化问题；加快产业结构优化升级，增强产业链供应链稳定性和竞争力；促进技术创新，推进工业领域碳达峰和制造业数字化网络化智能化发展；推动市场端从大向强发展；培养数智化高级复合人才，持续提升我国智能制造总体水平等。同时，湖南制造强省建设也正

讲故事

辜鹏博 摄 湖南图片库

首届北斗规模应用国际峰会在湖南长沙举行

天上"北斗",大国重器。2021年9月16日,首届北斗规模应用国际峰会在湖南长沙开幕。北斗卫星导航系统是中国自行研制的全球卫星导航系统,也是继GPS、GLONASS之后第三个成熟的卫星导航系统。自2020年7月31日北斗三号全球卫星导航系统正式开通以来,实现连续稳定运行,全面进入规模化、产业化、国际化发展新阶段。我国卫星导航与位置服务产业总体产值达4033亿元,已全面服务交通运输、救灾减灾、农林牧渔等行业,正广泛进入大众消费领域,相关产品出口120余个国家和地区,向亿级以上用户提供服务。

处于爬坡过坎的关键时期，在推动原创、自主技术研发，增强工业经济创新动力，降低高耗能产业占比，破解工业产品价格走低、综合成本越来越高的难题，强化本地制造业服务供给，增强制造业数字化转型全链条服务能力，加大数字化转型标杆示范样板牵引等方面，需要拿出更大的干劲来攻坚克难。

制造强省的数智化路径

补短板和锻长板兼顾，打造更多"独门绝技"。科技创新是制造业高质量发展的核心驱动，只有打造更多"独门绝技"，才能在竞争发展中游刃有余。一方面要补齐工业软件产品短板。全力支持软件企业、装备制造商、用户、科研院所强化协同，联合开发面向产品全生命周期和制造全过程各环节的核心软件，研发嵌入式工业软件及集成开发环境，研制面向细分行业的集成化工业软件平台，推动工业知识软件化和架构开源化，加快推进工业软件云化部署。另一方面要按照比较优势原则，调整优化区域生产力布局，充分发挥三一重工、山河智能、铁建重工等湖南头部制造企业承接产业转移的潜力，增强湖南制造产业链发展的战略纵深和回旋空间。促进湖南制造相关产业链与供应链、创新链、资金链、政策链深度融合，提升产业链水平和应对风险能力。要加快发展数字经济，提升产业链数字化智能化水平，在更加丰富的应用场景中实现从"量变"到"质变"的突破。

树牢绿色发展理念，全力构建绿色制造体系。一是开展产品生态设计，组织开展产品生态设计试点示范，构建产品生态设计标准体系，建立产品生态设计评价机制，推进生态设计关键技术和工具的开发应用。二是深入推行清洁生产，加强清洁生产管理体系建设，突破清洁生产关键共性技术，搭建技术研发转化平台。三是持续提升能效水平，开发推广节能技术与产品，推进结构性节能，强化管理节能。四是实施产业链耦合一体化改造，合理布局产业空间，全力优化产业结构。五是建设绿色制造公共服务平台，构建绿色制造技术标准体系，建立统一的标准基础数据及信息平台。最后，还需加强绿色制造人才培养和产业联盟建设，打造绿色制造研发及推广应用基地和创新平台。

创新数据共享机制，促进数据集成融合。数字化技术的泛在连接和跨域协作，形成了海量的数据资产，数据作为新的生产要素将为企业的生产、组织和运营带来新的价值创造。湖南应抓住机遇，从体制机制和技术层面双管齐下，奋力先行改良创新数据共享机制，突破制度局限性，建立工业大数据公共资源库，促进数据的开放共享。打破体制机制障碍，促进与智能制造相关的政府部门、事业单位、行业企业间的

列数据

2022 年
- 湖南力争数字经济增长 15% 以上
- 加快培育"大智移云"战略性新兴产业
- 升级改造国家超算长沙中心
- 打造全国先进绿色算力枢纽
- 加快 5G 网络和 IPv6 互联网协议规模化部署
- 新建 5G 基站 2.5 万个

湖南数字经济强势崛起

2021 年
- 湖南数字经济增长 17%
- 规模以上电子信息制造业增加值、软件和信息技术服务业营业收入分别增长 23.2%、44%
- 39 个工业大类行业全部盈利
- 规模以上工业、服务业利润总额分别增长 10%、25%

数据交易流通，推动数据开放共享，培育交叉融合的大数据应用新业态。推进信息资源标准化建设，逐步推进数据采集、交换接口、数据质量、安全保密等关键共性标准的制定和实施，加快建立大数据市场交易标准体系。支持大数据企业与传统行业的技术和数据对接，共同探索多元化合作运营模式。基于对海量工业数据的采集、分析、治理及共享，并综合大数据、云计算、数字孪生等技术的积累，推动工业生产决策从"人智"向机器"辅智、混智"发展，并向"数智"演进，提升资源优化配置效率。

加强需求培育，着力提升智能供给能力。供给和需求是实体经济的一体两面，湖南打造制造强省必须在"供给端"和"需求端"同时发力。从需求端看，要通过对传统制造业的升级改造和对终端消费者的需求培育，引领新供给，形成新动能。从供给端看，要大力提高供给质量，提升供给能力。湖南应加快推进人工智能、大数据、区块链等新一代信息技术与制造业的深度融合，提升制造业"智能化"跨界技术应用水平，为智能制造向高级阶段演进奠定基础。充分利用试点示范和标准化等手段，总结最佳实践经验，固化创新研究成果，形成标准和解决方案，为行业推广和产业化应用提供保障。加快培育系统解决方案供应商，打造一批在细分行业深耕细作的制造企业群，依托公共服务平台，做好制造企业智能化改造需求与供应商服务能力的精准对接。

深化示范应用，探索推广智能制造新模式。一是强化应用创新探索与场景挖掘。依托国家、省部级重大项目和相关骨干企业，开展安全可控工业软件应用示范。鼓励产业界及各领域头部企业进行创新探索，通过创新大赛等方式引导资本与新技术产品的对接，形成一批工业人工智能新场景、新模式。二是树立标杆应用。在工程机械、高端装备、轨道交通等应用较为成熟的领域，引导大型国有企业、民营企业和互联网企业等合作打造解决方案，形成一批可信、可靠、成熟有效的行业工业智能示范标杆应用。在试点示范工作的带动下，企业和地方政府积极探索，一些代表性的复制推广模式逐渐形成。要对成功经验和典型做法进行深入的分析、研究和总结，面向区域发展不平衡、行业间需求多样化、中小企业投资受限等实际问题，结合不同地区、不同细分行业、不同规模企业的实际情况，在实施重点、推进路径、发展程度上有所区别和侧重，提出不同的推广模式，通过建设一批示范区、树立一批行业和企业标杆，来带动更大范围的制造企业实现转型升级。

新的赛道已经开辟。崭新的区域格局为新赛道打开了国际视野，独特的湖湘气质为新赛道塑造了人文基础，活跃的经济成长为新赛道提供了蝶变机遇。这是一个千载难逢的发展风口。抢到了，先人一步；错失了，遗恨万古。湖南有基础，但更要闻警而起，踔厉奋发。

陈晓红　中国工程院院士、国家基础科学中心主任
　　　　湖南工商大学党委书记，中南大学教授、博士生导师

03 关键词

具有核心竞争力的科技创新高地

先读为快

区域创新布局

区域创新布局是提升区域创新能力的重要支撑。坚持全省"一盘棋",形成以长株潭创新一体化为核心引领,以岳阳、衡阳创新型城市建设为两翼,促进长株潭、洞庭湖区、湘南、大湘西四大区域协同发展,强化高新园区、创新型县市等创新平台多点支撑的全域创新空间布局。

政产学研用协同创新

发挥政府的引导和协调作用,搭建学术界和产业界、科学家和企业家合作的桥梁。

建立健全党领导关键核心技术攻关的新机制。

做好跨部门协同,打破部门利益固有格局。

强化市场化运作,推动有效市场与有为政府的结合。

"揭榜挂帅"

"揭榜挂帅"是指结合经济社会和产业发展需求的关键共性技术难题，由企业提出攻关技术需求，经政府张榜面向社会征集研发团队或解决方案，让有能力的领军人才"揭榜"、出征"挂帅"。

湖南是全国首个开展重大基础研究和应用基础研究项目揭榜的省份。

国防科技成果应用转化

国防科技成果应用转化是提高国防科技成果使用效率的重要举措，也是推动形成全要素、多领域、高效益的国防现代化工程发展格局的关键一环。具有完全自主知识产权的时速 600 公里的高速磁浮列车正式下线，代表着湖南科技协同创新的新高度。

着力点

如何加快构建全域创新体系？

木桶效应告诉我们，只有各方面协调发展、共同提高才能实现整体优化、效益提升。全域创新将整体区域置于创新之中，是区域发展的新形态、新理念、新模型，是区域发展创新的战略制高点。要通过全域创新体系构建，让区域的各部门、各层级、各行业、各群体均学习创新、支持鼓励创新，投身创新活动，造就全域支持创新、参与创新、人人均可创新，创新无处不在、无人不晓的宏大局面，让湖南早日成为具有核心竞争力的科技创新高地。

抓科技政策落地，提高科技创新效能

中央经济工作会议将科技政策作为七大政策举措之一，明确指出科技政策要扎实落地，进一步凸显了科技创新在现代化经济体系建设中的重要位置。科技政策是否扎实落地，直接决定着科技创新效能能否进一步提高，直接关系到科技创新能否为高质量发展提供足够的支撑。

深化科技体制改革。坚持"抓战略、抓改革、抓规划、抓服务"定位，加快转变科技管理职能，推进"放权赋能"改革。在科技计划管理、科研经费包干、科技成果赋权、科技创新评价等重点领域、关键环节，部署推进一批改革事项。推进修订《湖南省科技进步条例》，调整优化有关法规规范，不断优化完善支持创新的政策体系。

紧盯科技创新重点任务。坚持"四个面向"，紧盯岳麓山国家实验室建设、"十大技术攻关项目"、"揭榜挂帅"项目等湖南科技创新工作重点，充分发挥新型举国体制优势，集中优势科研力量，把优势科技资源配置到最紧迫最急需的地方、环节，切实提高科技创新效能。深入推进"科技+部门"协同创新工作机制，促进科技与卫健、应急、金融等领域有关部门开展协同攻关，形成合力。

不断优化创新生态。始终将尊重科研创新规律作为完善科技政策的根本遵循，不断使科技政策越来越契合科研创

列数据

湖南将重点抓好十大产业项目

产业之于湖南,是强省之基、兴省之要。2022年1月17日,湖南省十三届人大五次会议的政府工作报告提出,2022年湖南将聚焦产业发展,深入开展产业项目建设年活动,重点抓好十大产业项目。

十大产业项目

- 中联泵送智能装备基地
- 三一智联装备基地
- 中石化巴陵己内酰胺
- 邵阳特种玻璃
- 三安半导体二期
- 邦盛储能电池材料
- 湘钢提质增效
- 中车时代功率半导体核心元器件
- 长远锂电池正极材料
- 正威铜基新材料

新规律，构建起更适合科技工作者潜心研究与创新创业的科技政策生态，厚植创新沃土，最大限度解放和激发全社会创新活力。秉承"搭平台、聚资源、链服务、促转化"的理念构建潇湘科技要素大市场，认定一批技术转移示范机构，培养一批技术经纪人，开展常态化科技成果供需对接活动。大力发展科技金融，深入实施科技型企业知识价值信用贷款，扩大科技投融资规模，促进各类创新要素向企业创新主体集聚，激发企业创新活力。

统筹创新布局，促进区域协调发展

区域创新布局是提升区域创新能力的重要支撑，要以创新型省份建设为统揽，坚持全省"一盘棋"理念，以更高站位、更大格局谋划全省区域创新布局，优化创新资源要素配置，形成以长株潭创新一体化为核心引领，以岳阳、衡阳创新型城市建设为两翼，促进长株潭、洞庭湖区、湘南、大湘西四大区域协同发展，强化高新园区、创新型县市等创新平台多点支撑的全域创新空间布局。

加快"三区两山两中心"建设。以建设国家区域科技创新中心为目标，进一步健全区域协同创新机制，谋划布局一批高水平创新平台，培育、引进一批标志性人才，抢占创新高地。立足"三区一极"战略定位，围绕打造国家重要先进制造业高地，支持长株潭国家自主创新示范区建设一批重大创新平台，引育高水平人才团队，不断壮大长沙"科创谷"、株洲"动力谷"、湘潭"智造谷"；聚焦人工智能、智能网联汽车等创新型产业集群，支持湘江新区不断完善创新创业孵化体系，打造国家双创示范基地升级版，促进科技成果转移转化，打造湘江西岸科技创新走廊；全力推进郴州国家可持续发展议程创新示范区建设，系统部署水资源利用、水生态保护、水污染治理等重大科技攻关任务，加快探索"水资源可持续利用与绿色发展"的湖南模式，打造可复制推广的水资源安全和绿色低碳可持续发展样板，守护好"一江一湖四水"；发挥岳麓山大科城重要院所高校作用，加快布局重大科研平台和科研基础设施，推动实现多学科交叉前沿领域重大原创性突破，打造原始创新重要策源地；支持马栏山视频文创产业园立足"科创+文创"发展模式，建设数字视频全产业链集群，促进视频文创与新一代信息技术融合发展，打造具有国际影响力的"中国V谷"；围绕种源自主可控，加速推进岳麓山种业创新中心实体化建设，建设两大关键共性技术平台和八个专业研究中心交叉融合的"2+8"科技创新架构；聚焦湖南"3+3+2"产业集群发展创新需求，围绕新产品研发、工艺工序、工业母机、检验检测、标准和品牌全链条，与中国工程院共建岳麓山工业创新中心，推进工业"五基"攻关，提升产业链现代化水平。

推动区域科技创新协同发展。立足各市州自身地理区位、资源禀赋、产业特色、发展水平等基础条件，支持各市州围绕自身优势特色产业部署创新链，加快形成特色鲜明、优势互补、协同联动的区域创新发展格局。推进长株潭地区建设国家区域科技创新中心，提升科技支撑产业发展能力，发挥引领辐射作用；推进洞庭湖地区主动对接长江经济带发展战略，加强洞庭湖生态保护及系统治理，完善绿色技术转移转化体系，促进洞庭湖生态经济区绿色发展；推进湘南地区深化与粤港澳大湾区科技创新合作，打造新兴产业承接带和科技产业配套基地；推进大湘西地区积极对接西部大开发、成渝地区双城经济圈建设等国家战略，加快文化旅游、生物医药、新材料、电子信息、山地特色生态农业等产业创新发展。

强化县域科技创新能力。紧扣"一县一特"产业发展需求，推动县域科技创新特色化发展，支持地方围绕主导产业，加强产业技术创新，加快先进适用技术转移转化，着力建链、强链、延链、补链，进一步提升县域产业竞争力，提高县域经济发展质量和效益。积极创建创新型县（市、区），鼓励产业发展好、科技创新能力强的地方创建省级创新型县（市、区），争创国家级创新型县（市）。加快培育创新主体，加强科技企业孵化器、众创空间、星创天地等创

中南大学科技园研发总部

列数据

- 19个重大创新平台跻身"国家队"
- 先后获批4个国家级平台
  国家耐盐碱水稻技术创新中心
  长沙国家新一代人工智能创新发展试验区
  中南大学国家大学科技园
  洞庭湖湿地生态系统国家野外科学观测研究站
- 15项创新成果获国家科技奖励
- 高新技术产业增加值总量迈上万亿元新台阶
- 岳麓山种业创新中心实体化加速推进

- 国家第三代半导体技术创新中心（湖南）挂牌
- 新增2家国家文化和科技融合示范基地
- 湘潭成功获批开展国家创新型城市建设
- 5位湖湘专家当选两院院士，在湘院士总数增至44人

湖南科技创新结硕果

新创业载体和农业科技社会化服务体系建设,围绕当地主导产业培育壮大一批科技型中小企业、高新技术企业和"小巨人"企业。加强产学研合作,充分发挥科技特派员作用,促进县域企业与高校、科研院所联合开展技术创新,进一步加强面向县域科技创新创业的技能培训。

培育平台载体,强化高质量发展支撑

深入实施创新平台建设计划,大力培育建设各类创新平台、载体,充分发挥创新平台对经济发展的支撑作用,引领高质量发展。

培育高能级科技创新平台。聚焦"国之大者""省之大计",在生物种业、先进计算、材料、先进制造、北斗应用、生命健康等湖南优势特色领域,培育建设一批前瞻引领、学科交叉、综合集成的重大创新平台,谋划推进国家超级计算长沙中心、省级大飞机地面动力学试验平台等重大科技基础设施升级,着力集聚更多优质创新资源、引培更多一流创新人才。充分发挥高能级科技创新平台在原始创新和关键核心技术攻关中的关键作用,持续组织开展前瞻性、引领性的基础理论研究与制约重点产业领域发展的关键核心技术攻关,努力创造更多"从0到1"的原创成果,攻克一批"卡脖子"问题,抢占科技和产业发展的制高点,全面塑造发展新优势。

推动科技园区提质升级。发挥园区科技创新主阵地作用，对标"五好"园区创建要求，实施"一区一产"建设工程，着力形成专业化、特色化、差异化协同发展格局，统筹各类专项资金、科技创新平台、项目、人才等资源，支持各级高新园区立足区域优势和资源禀赋，不断壮大主导产业，提升产业集聚度，争创国家创新型产业集群。立足农业科技园区"农、高、新"定位，坚持问题导向，坚持"一区一主题"原则，深化体制机制创新，推动国家级、省级农业高新技术产业示范区和农业科技园区发展，形成层级分明、功能清晰、梯次发展的农业科技园区建设体系。支持有基础的国家农业科技园区创建国家农业高新技术产业示范区，推动省级农业科技园区提质升级，启动省级农业高新技术产业示范区建设，打造县域农业科技创新和乡村振兴的主阵地，促进一二三产业融合发展。

打造创新创业孵化载体。支持市州、园区打造标杆型科技企业孵化器、众创空间等孵化平台，建设具有创新创业、社会融入、文化体验等功能的"一站式"国际人才服务示范基地。扎实开展创新创业大赛，聚焦国家战略性新兴产业，实施"以赛代评""以奖代补"，搭建科技型中小微企业竞逐的赛道，着力发掘和培育一批优秀企业、人才和项目。

联合行业协会等打造多级联动的宣传机制，积极组织创业集训营、"畅享课堂""培育服务季"等创业培训活动，营造"周周有活动、月月有路演、季季有主题"的浓烈创新创业氛围。

建设人才队伍，夯实科技创新根基

推进全域创新，必须坚持人才"第一资源"理念，把人才摆在创新要素的核心位置，着力集聚高水平创新人才，锻强人才链，为实现高质量发展夯实基础。

构建人才梯次成长体系。深入实施"芙蓉人才行动计划"，构建从大学生、博士后、湖湘青年英才、科技领军人才到院士、战略科技人才的科技人才梯次成长体系，帮助本土科技人才茁壮成长。坚持问题导向和需求导向，根据湖南的战略规划和未来产业发展需要，聚焦重大科研攻关任务，通过靶向支持、"一人一策"等支持方式，大力培养和使用具有深厚科学素养、前瞻性判断力、跨学科理解能力、大兵团作战组织领导能力的战略科技人才。坚持以平台聚才、以项目育才。建设好国家实验室、国家重点实验室、高水平研究大学、科研机构、大科学装置等重大科技创新平台，厚植沃土、筑巢引凤，集聚更多具有创新活力的青年科技人才。坚持"破四唯"倾向，长期稳定支持一批在自然科学领域取得突出成绩且具有明显创新潜力的青年人才，放手让他们担纲或参与重大科技创新项目，让青年人才挑大梁、当主角。完善院士带培机制，鼓励和支持院士与省科技领军人才、湖湘青年英才等建立院士带培关系，培养壮大院士后备人才队伍。

围绕产业链锻强人才链。坚持面向经济主战场，推进科技人才向产业链集聚，围绕湖南"3+3+2"产业集群发展，建立"卡脖子"技术人才需求目录，着力培养和引进一批紧缺急需高层次人才，抢占创新人才制高点。大力支持科技创业，推进科技创业领军人才项目，围绕先进制造、电子信息、新材料、生物医药、现代农业等传统优势产业和战略性新兴产业领域，鼓励支持有实力的人才及团队开展科技创新创业，培育一批科技型企业。

促进人才合理布局。实施湖湘高层次人才聚集工程，围绕促进区域协调发展，加强对欠发达地区科技人才队伍培育，对长株潭以外市州科技人才给予一定倾斜支持。大力发展"科创飞地"，探索"研发在飞地、产业化在本地"的"人才飞地"引才模式，在长株潭自创区建设"飞地"众创空间、孵化器，推动创新能力不足、创新需求迫切的湘西湘南地区，开展联合创新、跟跑创新，最终实现自主创新，推动科技创新向全域发展。

创新是一个民族发展的不竭动力。推进全域创新是科技自立自强大势所趋、高质量发展所需，也是在新的起点上深化创新建设的全新课题。必须高举创新驱动发展大旗，加快提升区域整体创新发展水平，打造全域性的创新发展格局，让湖南成为创新驱动的发展核、增长极、策源地。

李志坚　湖南省科学技术厅党组书记、厅长

着力点

如何探索关键核心技术攻关新型举国体制的湖南模式？

"积力之所举，则无不胜也；众智之所为，则无不成也。"习近平总书记指出，我们最大的优势是我国社会主义制度能够集中力量办大事，这是我们成就事业的重要法宝。过去我们取得重大科技成果依靠这一法宝，今天我们推进科技创新跨越也要依靠这一法宝，形成社会主义市场经济条件下集中力量办大事的新机制。发挥新型举国体制优势，要从国家急迫需要和长远需求出发，聚焦关键核心技术，坚持自主创新，把拳头攥紧，坚持不懈做下去，从而取得重大突破。

工程机械产业是湖南的优势产业和名片产业之一，目前湖南已成为国际、国内知名的工程机械产业基地。然而长期以来，这一优势产业同样存在着部分核心零部件材料受制于人的"卡脖子"技术难题。以掘进机刀具为例，过去，掘进机刀具一直依赖进口，成本高昂。为了解决掘进机刀具等"卡脖子"技术难题，2019年，全省安排财政资金5300万元开展"超级地下工程智能成套装备关键技术研究与应用"科研攻关，专门攻克极硬岩掘进机的技术难题。铁建重工通过与中南大学等政产学研用单位联合攻关，一举突破了这项关键核心技术，实现了极硬岩滚刀的完全国产化，填补了国内技术空白。

近些年来，针对制约湖南重点产业的"卡脖子"技术难题，省相关主管部门一一列出清单，以重大需求和现实问题为导向，下大力气实施科技重大专项，一事一立项，以取得实际技术效果为目标，突破了一批关键核心技术"卡脖子"难题，取得了一批重大标志性成果，支撑带动了全省科技创新综合实力的整体提升。2021年，湖南紧盯制约产业发展的重点领域、引领未来发展的关键核心技术，抓住"卡链处""断链点"，深入开展工业"六基"攻关突破行动，重点突出东映碳材高性能碳纤维，汇思光电、湖南大学硅基量

讲故事

金永平 摄　湖南图片库

"海牛Ⅱ号"：
刷新世界深海海底钻机钻探深度

2021年4月7日23时左右，湖南科技大学领衔研发的中国首台"海牛Ⅱ号"海底大孔深保压取芯钻机系统在南海超2000米深水成功下钻231米，刷新世界深海海底钻机钻探深度。这一深海试验的成功，填补了中国海底钻探深度大于100米、具备保压取芯功能的深海海底钻机装备的空白，也标志着中国在这一技术领域已达到世界领先水平。所有关键技术均为自主研发，目前已取得125项国家专利、4项国际发明专利。

子点激光器，中创空天、中南大学等高端装备用特种合金，中联重科、三一重工等高端液压元器件，铁建重工大型掘进机主轴承等十大技术攻关项目，力争以技术"点"的突破带动产业"面"的提升，技术带动效应明显。

与此同时，湖南重点产业核心技术"缺芯少魂"、"六基"领域"卡脖子"技术问题依然存在，核心芯片、高档数控机床、密封件和轴承、高端液压件、关键原材料等严重依赖进口，部分高端制造业核心技术与国外发达国家仍存在一定差距，高技术产品有待进一步开发与提升。

要突破重点产业关键核心技术"卡脖子"问题，需要探索市场经济条件下新型举国体制的湖南模式，以湖南贡献助力国家科技自立自强。

重视基础研究和应用基础研究

湖南部分产业关键核心技术受制于人，根源在于基础研究和应用基础研究支撑不够，要围绕重点产业开展基础研究和应用基础研究，以打通创新链条的"最先一公里"。从外省来看，湖北、安徽两省发挥学科优势，分别围绕光电产业和量子信息产业，设立国家研究中心，创建国家实验室，补齐重点产业的基础研究短板，构建从基础研究到共性技术研究再到成果转化的完整创新"链条",确保产业链供应链安全稳定。例如,安徽量子信息产业专利申请量突破450项,位列全国第一,有力地保障了该产业的自主可控。湖南应积极借鉴,发挥学科优势,重点围绕装备制造、有色金属冶炼、信息技术应用创新、生态农业、现代种业、新材料等重点产业,开展应用基础研究和基础研究,补齐创新链上的基础研究短板,构建完整创新"链条",促进创新链与产业链深度融合。

高度重视国家实验室、国家研究中心等基础研究平台建设。从外省来看,广东省以省市共建模式,已分批建设超过10家广东省实验室,打造国家实验室预备队,为当地产业转型升级提供了重要支撑力量。同处中部地区的安徽、湖北分别建有合肥微尺度物质科学国家研究中心、武汉光电国家研究中心。另外,安徽省已分批建设省实验室和省技术创新中心,借此打通从基础研究到成果转化和产业化的通道,培育创建国家实验室的预备队。湖南应积极借鉴以上做法,明确以智能制造为主攻方向,整合国防科技大学、中南大学、湖南大学等省内"双一流"高校机械工程、材料科学与工程、计算机科学与技术、信息与通信工程、软件工程等学科力量,组建湖南省智能科学与技术试点省级实验室,筹建国家

列数据

向着关键核心技术攻坚持续发力

1 湖南奋力打造具有核心竞争力的科技创新高地，全省科技创新保持强劲发展势头。

2 2021年，湖南承担北斗导航、制造基础技术等国家重大科技创新项目 18 个，获资助经费增长 10.4%，达 8.43 亿元，连续 2 年立项数居全国第 1 位。

3 "五个 100" 重大科技创新项目完成年度投资 153.51 亿元、研发投入 49.11 亿元，分别超年度计划的 24.15% 和 52.13%。

4 实施大规模储能系统、深海矿产资源开采关键装备等科技重大专项 2 项，以及功率器件用大产能硅外延设备研发科技创新重点工程。

5 梳理"卡脖子"技术、自主可控技术、填补国内空白技术清单 224 项。实施高新技术产业科技创新引领计划项目 272 个，持续加大攻关力度。

实验室，为工程机械、先进轨道交通、航空航天等打造世界级产业集群提供原动力。

推进国防科技成果应用转化

国防科技成果应用转化是提高国防科技成果使用效率的重要举措，也是推动形成全要素、多领域、高效益的国防现代化工程发展格局的关键一环。国外发达国家很早便开始推进国防科技成果转化，如美国国防高级研究计划局借助重大项目驱动研发高新科技，日本和俄罗斯等国则通过高度集中的体制管理模式统筹协调科技创新。湖南在推动国防科技成果转化、科技协同创新试点示范等方面取得了一系列成绩，先后建成国家超级计算长沙中心、湖南省产业技术协同创新研究院等重要国防科技成果创新和转化平台，为国防科技成果应用转化提供了重要支撑。高性能计算机、北斗卫星导航系统、激光陀螺、飞腾、麒麟、碳纤维等一批高端国防科技成果实现在湘落地转化，催生培育了一批创新型企业，推动形成了电子信息、装备制造、北斗应用、航空航天等产业集群。2021年7月，由中国中车承担研制、国防科技大学团队参与的具有完全自主知识产权的时速600公里的高速磁浮列车正式下线，代表着湖南科技协同创新的新高度。

国防科技成果应用转化是湖南的优势和特色,未来应采取措施,发挥好优势,彰显出特色。一是明确重点领域。湖南应继续发挥国防科技大学的学科优势,重点在航空航天、北斗导航、工程机械、轨道交通等领域推进科技创新,择优支持重点领域创新示范项目,探索建立国防科技成果转化示范点。同时完善规范转化机制,持续推动相关科技成果的转化应用。二是探索创新模式。未来应紧密结合国家重大示范项目建设,联合国防科技大学、地方科研院校、企业等共建国家级科技协同创新平台,开展关键核心技术攻关,形成研发合力。三是深入推进创新示范区建设,实施一批产业重点工程和项目,培育一批特色产业集群,形成新的经济增长点。四是完善国防科技成果收益分享机制。探索国防科技成果转化的有效途径,让科技人员得到合理回报,让他们创造的知识价值得到充分体现。

开展政产学研用协同创新

发挥政府的引导和协调作用,搭建学术界和产业界、科学家和企业家合作的桥梁,充分发挥科研院所、高校、企业及社会组织等不同创新组织在关键核心技术攻关中共同但有区别的主体作用,科研院所、高校要提供基础研究成果的支撑，企业要动员全体力量进行关键核心技术攻关，要充分发挥科学家和企业家的不同创新主体作用，实现科研成果与资本的有效结合。鼓励企业与科研院所、高校以产权关系为纽带，组建产学研用联合体，建立利益分享和风险分担机制，联合开展关键核心技术研发攻关。

建立健全党领导关键核心技术攻关的新机制。要加强党中央对科技工作的集中统一领导，形成推动攻克关键核心技术的强大合力。要充分发挥党组织的战斗堡垒作用和党员的先锋模范带头作用，充分动员和利用党内外的一切力量为关键核心技术攻关提供帮助，形成合力。

做好跨部门协同。探索党领导关键核心技术攻关的新机制，下大力气打破部门利益固有格局，整合优化科技、发改、工信、教育等部门掌握的部分科技经费资源，用于重点产业领域关键核心技术攻关，形成部门协同的强大合力。

强化市场化运作。推动有效市场与有为政府的结合，在充分发挥省市各级政府主导作用的同时，探索新型举国体制的市场化运作模式。以湖南工程机械产业关键核心技术攻关为例，可参照国家集成电路产业投资基金的运营模式，组建工程机械产业投资基金，探索财政科技经费由"项目投入"改为"股权投入"的新机制，实现循环使用和滚动支持，同时发挥财政投入的杠杆作用，带动社会资本投入，实现市场化运作、专业化管理。

推行"揭榜挂帅"新机制

"揭榜挂帅"是指结合经济社会和产业发展需求的关键共性技术难题，由企业提出攻关技术需求，经政府张榜面向社会征集研发团队或解决方案，让有能力的领军人才"揭榜"、出征"挂帅"。科技部发布的《国家重点研发计划"数学和应用研究"等"十四五"重点专项2021年度项目申报指南》特设了"揭榜挂帅"榜单任务。江苏省已探索形成"任务定榜、挂帅揭榜""前沿引榜、团队揭榜""企业出榜、全球揭榜""需求张榜、在线揭榜"4种"揭榜挂帅"模式。重庆市通过创新发展"揭榜挂帅"，推动科技行政主管部门实现从"甲方"到"乙方"的角色转变。目前，省外科技项目揭榜制主要针对技术攻关和成果转化，在基础研究领域开展揭榜制，国内尚没有先例。湖南是全国首个开展重大基础研究和应用基础研究项目揭榜的省份。

2021年4月，湖南省科学技术厅揭榜8个湖南省自然科学基金重大项目，鼓励产学研用组成联合体揭榜。同年，出台了《长沙市"揭榜挂帅"重大科技项目管理办法（试行）》，市科技发展专项资金对每个项目给予800万元的资金支持。可这些还远远不够，要优化完善"揭榜挂帅"的组织实施，还需要从以下几方面进一步努力。

一是要聚焦湖南重点产业和20条重点产业链，征集遴选一批补短板关键核心技术和"卡脖子"零部件与产品。以湖南重点产业链和供应链安全稳定为目标，着眼于有基础、可实施，在若干个重点领域和重点方向中确定一批具体研发任务，组织具备攻关能力的企业和科研院所揭榜攻关。通过3~5年时间，重点突破一批制约湖南重点产业发展的关键核心技术短板，做强一批具有主导能力的优势核心企业，培育一批优势产品和零部件，不断提高重点产业领域产业链和供应链的自主可控水平。

二是要实行物质激励与精神激励相结合的方式，组织动员科技力量进行攻关，并辅以"军令状""里程碑式考核"等项目管理新方法，吸引具有较强科研力量和深厚学术积累的科技领军人才"揭榜挂帅"。

三是制定"揭榜挂帅"实施条例，明确和规范"揭榜挂帅"流程、利益攸关方权责范围、成果评鉴、外部监督、宽容失败、失利补偿、经费安排等，进一步完善与"揭榜挂帅"制度相配套的机制。

举国体制在我国发展的不同阶段，会呈现不同的形式，承担不同的历史使命，发挥不同的历史作用。当下，我们应将政府力量和市场机制有机结合起来，把政府、市场、社会等各方面的力量拧成一股绳，最大限度地激发各类创新主体的潜能，释放各类创新主体的活力，心系国之大者，情系三湘腾飞。

毛明芳　中共湖南省委党校（湖南行政学院）科技与生态文明教研部主任、教授

张　旺　中共湖南省委党校（湖南行政学院）科技与生态文明教研部副主任、副教授

04 关键词

内陆地区改革开放高地

> 先读为快

激发市场主体活力

市场主体是经济活动的主要参与者、就业机会的主要提供者和技术进步的主要推动者。

公平竞争是市场经济的核心。

高标准市场体系是激发市场主体活力的"催化剂"。

深化"放管服"改革是激发市场主体活力的有效举措。

加强市场主体自身建设是增强自身核心竞争力的必然要求。

湖南自贸试验区

在对标国际规则中"闯"出新路子。

在深化制度改革中"创"出新经验。

在服务国家战略中"干"出新成效。

打造世界级先进制造业集群,打造中非经贸深度合作先行区,打造联通长江经济带和粤港澳大湾区的国际投资贸易走廊。

营商环境

营商环境不进则退、慢进亦退，营商环境越好，就越能抢占发展先机。

在新的发展格局下，作为中部内陆省份的湖南更要以"闯""创""干"的精气神，持续深化营商环境改革，重点围绕助力市场主体高质量发展，为企业全生命周期提供高层次优质服务，为不同市场主体提供差异化政策支持，以营商环境优化重塑内陆大省竞争优势，推动中部地区高质量发展。

构建有效市场和有为政府更好结合的体制机制，为营商环境优化提供坚强保障。

深化"放管服"改革

深化"放管服"改革是激发市场主体活力的有效举措。

纵深推进"证照分离"改革，全面实现涉企证照电子化，最大限度整合监管资源，全面推进数据共享，加快构建上下联通、横向协同、指挥高效的新型监管体系。

持续深化"一件事一次办"改革，深入开展"互联网＋政务服务"，列出政商交往行为负面清单，厘清党政机关及公职人员与企业交往界线。

着力点

如何激发市场主体活力？

中国经济是一片大海，大海之大就在于韧性强、潜力足、回旋余地大。蓬勃发展的市场主体，促进了我国超大规模市场的形成和发展，成为稳住经济基本盘和稳定就业的中坚力量。站在新的历史起点，面对激烈的市场竞争和不利的外部环境，特别是在当前面对需求收缩、供给冲击、预期转弱三重压力，我们要以"改革的一招"激发市场主体活力，为湖南经济高质量发展"聚合力""增活力""添动力"，助力湖南全面落实"三高四新"战略定位和使命任务，推动经济社会高质量发展。

提振市场主体信心，营造公平竞争市场环境

公平竞争是市场经济的核心。必须打好政策"组合拳"，营造公平竞争市场环境，提振市场主体信心。

深化财税价格体制改革。坚持稳字当头、稳中求进，提升积极的财政政策效能，充分发挥投资对优化供给结构的关键性作用，适度超前开展基础设施投资，加快推进"两新一重"建设，加大产业和民生领域投资力度，以更精准有效可持续的举措激发民间投资信心和活力。实施新的减税降费政策，强化对中小微企业、个体工商户、制造业、风险化解等的支持力度。创新减税降费执行机制，落实好常态化财政资金直达机制和货币政策直达工具，做到"减税降费"与"缓税缓费"相结合。坚持"管住中间、放开两头"思路，进一步深化能源、交通、公共服务等垄断领域价格改革，让更多市场主体参与价格竞争。

优化国有资本布局。坚持"有进有退、有所为有所不为"，全面完成国企改革三年行动目标任务，分层分类深化国有企业混合所有制改革，让混改企业真正实现"形混神更混"。持续实施国有资产证券化三年行动，力争资产证券化率达到40%，提高国有资本配置效率。依托湖南"一核两副三带四区"区域经济布局，以先进装备制造业、轨道交通装备、生物医药等为重点，推动国有资本向重点产

列数据

市场主体迸发新活力

→ 湖南省市场监督管理局聚焦打造内陆地区改革开放高地

全面开展营商环境优化行动，市场主体迸发新活力

全省实有市场主体达到 **546.12 万户**

同比增长 **11.72%**

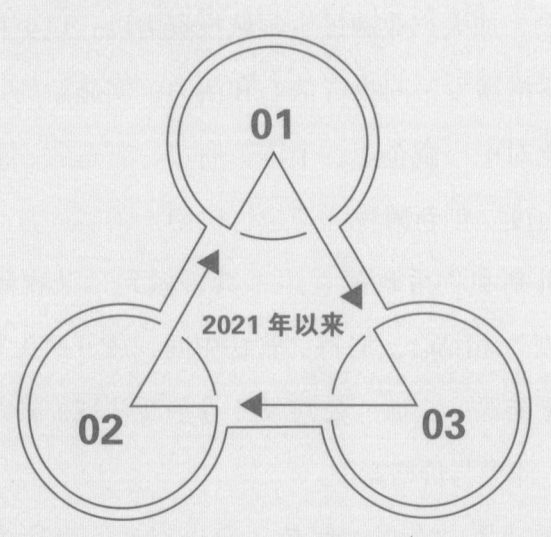

01

02 2021 年以来 **03**

→ 持续深化市场准入改革

纵深推进"证照分离"全覆盖建设

全省进"前三扇门"事项达 **146** 项

比全国版增加 **26** 项

→ 扎实推进企业开办标准化规范化试点

落实"一件事一次办"

优化"一网通办"

启动"跨省通办"

推行经营范围规范化

探索行政审批"一照通"改革

实现注册信息精准"双告知"

全省"一网通办"率达 **25.65%**

企业开办时间压缩到 **1.5** 个工作日以内

业重点区域集聚，提升国资国企投资的精准性和有效性。到"十四五"末，力争培育1~2家世界500强、7家中国500强的省属国企。

持续深化金融领域改革。积极构建金融有效支持实体经济的体制机制，推动金融改革创新，加快湖南金融中心和湘江基金小镇建设，建立多层次融资服务体系。深化长株潭金融改革，实施供应链金融、科创金融、绿色金融、普惠金融和优化金融生态环境行动，力争到2023年长株潭科技支行达到15家以上，私募股权投资机构突破450家，私募基金总规模突破3000亿元，科技创新型企业上市及挂牌数量突破30家。在长株潭省级以上园区、岳麓山国家大学科技城开展科技型企业知识价值信用贷款试点。推广世界银行（平江）普惠金融试点经验，开展深化民营和小微企业金融服务综合改革试点。以马栏山视频文创园为重点开展"文化+金融"创新试点，争创国家文化金融合作试验区。

实行统一市场准入制度。落实好《湖南省优化营商环境规定》，构建市场化、法治化、国际化营商环境。持续开展民间投资市场准入清理，严格实行"非禁即入"。深化市场主体注销便利化改革，优化简化注销流程，扩大简易注销范围。推进公平竞争审查全覆盖，对垄断和不正当竞争进行规范治理。推动湖南自贸试验区加快对接国际通行规则，健全外商投资准入前国民待遇加负面清单管理制度，促进贸易投资便利化。

坚持市场化改革导向，建设高标准市场体系

高标准市场体系是激发市场主体活力的"催化剂"。必须以市场化改革为导向，加快建设统一开放、竞争有序、制度完备、治理完善的高标准市场体系。

深化要素市场化配置改革。深化土地管理制度改革，推动不同产业用地类型合理转换。探索试行以经常居住地登记户口制度。探索对重大战略项目实施创新资源协同配置，促进技术要素向现实生产力转化。完善公共数据开放共享机制，建立健全数据流通交易规则。争创长株潭要素市场化配置国家综合改革试点，争取国家"清单式"改革授权，建设长株潭统一要素市场。推动资金、土地、人才、数据等各类资源要素差别化配置，引导资源要素向优势产业、优质企业集聚，倒逼市场主体创新发展、转型升级。

深化科技体制改革。开展科技体制改革三年攻坚行动，促推市场主体加快向智能、绿色转型升级。强化创新平台建设，加快"三区两山两中心"和湖南先进技术研究院等重大创新平台建设，培育岳麓山国家实验室，启动建设湖南省实验室，加快形成全域创新体系。优化创新体制机制，健全以政府

投入为引导的社会多元化投入机制,完善重大项目"揭榜挂帅"机制,推广科研经费"包干制"试点,强化知识产权保护和应用,培育打造支撑全省、面向全国的知识产权交易平台。

持续完善高水平开放体制机制。深度融入"一带一路"和长江经济带建设,积极对接粤港澳大湾区、长三角一体化等国家战略。全面对接RCEP等国际贸易规则,着力构建中非经贸地区合作长效机制,推进中非货币结算贸易试点,加快中非跨境人民币中心建设,推动湘企"走出去"。高标准建设湖南自贸试验区,加快推进121项改革试点任务落地见效,建设总部经济基地,优化重点外资项目跟踪服务工作机制,加快与非片区联动发展,增强招商引资聚合效应。

深入推进消费升级改革。坚持增加居民收入与减负并举,持续扩大中等收入群体,提升居民消费能力,深挖消费潜力,激发市场主体活力。鼓励消费新模式新业态发展,大力发展乡村旅游、红色旅游,进一步提升"锦绣潇湘"品牌形象。建设消费新场景,促进传统消费场所向消费、体验、社交综合场景转变,培育"网红城市""网红品牌",推动长沙建设国际消费中心城市。引导实体企业开发更多数字化产品和服务,促进医疗健康、养老育幼、家政服务等领域消费线上线下融合。把乡村振兴与消费提振有机结合,改善县域消费环境,推动农村消费梯次升级。

学典型

株洲专精特新"小巨人"企业培育成效显著

近年来，株洲市扎实开展专精特新"小巨人"企业培育行动，坚持把培育"小巨人"作为推动经济高质量发展的有力抓手。株洲市高新区聚焦新一代信息技术、新能源、新材料、高端装备制造、生物医药等中高端产业领域，依托行业领军企业，积极推进企业裂变发展，将主机厂、核心企业打造成"企业孵化器"，发展成"小巨人"摇篮。2021年，全市新增国家级、省级专精特新"小巨人"企业分别达29家、27家，总数分别达38家、129家。其中，国家级"小巨人"企业总数排名全国第26位，位居中西部非省会城市第1位。

持续深化"放管服"改革，提高市场监管效能

深化"放管服"改革是激发市场主体活力的有效举措。要以"一件事一次办"改革为总抓手，持续深化"放管服"改革，加快形成高效的监管服务体系。

深化简政放权改革。增强简政放权的精准度，持续深化行政审批制度改革，大力压减行政许可和整治各类变相审批，纵深推进"证照分离"改革，全面实现涉企证照电子化。深化产业园区市场化改革，出台省级层面向园区放权赋权指导性目录，赋予园区更大审批服务自主权，探索涉企行政审批"一照通"改革，推行建设项目极简审批"洽谈即服务、签约即供地、开工即配套、竣工即办证"改革。

完善市场监管机制。以数字政府建设为牵引，最大限度整合监管资源，全面推进数据共享，加快构建上下联通、横向协同、指挥高效的新型监管体系。充分利用大数据、区块链、人工智能等新技术，健全以"双随机、一公开"监管和"互联网+监管"为基本手段、以重点监管为补充、以信用监管为基础的新型监管机制，全面提高监管效能。

提高政务服务水平。围绕提升政务服务品质和网办能力，持续深化"一件事一次办"改革，在推动实现296件政务事项全省通办、73件事项跨省通办的基础上，进一步拓展延伸改革范围，优化办事流程，压减证明材料。深入开展"互联网+政

务服务"，推进政务服务标准化、规范化、便利化建设，推动更多事项跨层可办、省内联办、跨省通办。规范"12345"政务热线服务流程，实现"好差评"线上线下全覆盖。

构建"亲""清"政商关系。列出政商交往行为负面清单，厘清党政机关及公职人员与企业交往界线。畅通政企沟通渠道，完善政府与企业常态化沟通机制平台，健全企业参与重大战略制定、参与涉企政策制定机制。维护企业合法权益，在项目审批、财税政策、公共资源交易等方面对所有市场主体一视同仁。规范查办涉企案件，审慎冻结企业基本账户、查封扣押生产设备。强化正面宣传引导，推动政商良性互动。

加强自身能力建设，激发市场主体内生动力

加强市场主体自身建设是增强核心竞争力的必然要求。必须始终坚持"两个毫不动摇"，从完善内部制度、增强创新能力、弘扬企业家精神等方面综合施策，激发发展内生动力。

完善企业内部治理机制。全面落实对国有企业"两个一以贯之"要求，把加强党的领导与完善公司治理统一起来，把企业党组织内嵌到公司治理结构之中，完善和落实"双向进入、交叉任职"领导体制，构建权责法定、权责透明、协调运转、有效制衡的公司治理机制。加快完善国有企业法

人治理结构和市场化经营机制,规范国有企业董事会建设,健全经理层任期制和契约化管理。扎实推进"个转企、小升规、规改股、股上市",促进市场主体全面壮大,鼓励有条件的私营企业建立现代企业制度,通过深化改革、优化治理、改善管理提高企业核心竞争力。

深化企业分配制度改革。围绕激活力、提效率,着力深化国有企业劳动、人事、分配三项制度改革,优先支持商业类子企业加快推行职业经理人制度,全面推进用工市场化,建立健全按业绩贡献决定薪酬的分配机制。加快推行以增加知识价值为导向的收入分配改革,支持符合条件的混合所有制企业建立骨干员工持股、上市公司股权激励、科技型企业股权和分红激励等中长期激励机制,激发企业科研人员创新积极性。

提升企业自主创新能力。加大政府科技资源对企业的支持力度,重点引导和支持创新要素向企业集聚,支持企业建设高水平研发中心,加快建立以企业为主体、市场为导向、产学研相结合的技术创新体系,使企业真正成为研究开发投入、技术创新活动、创新成果应用的主体。推动企业与高校、科研院所建立合作机制,通过设立联合研发中心、共建创新基地等开展校企合作,实现联合培养技术人员,强化企业人才队伍建设,提升创新创造能力。

大力弘扬企业家精神。建立健全帮扶企业家的工作联动机制，完善企业家教育培训体系，实施企业家能力提升工程。坚持既铁腕"除虫"又柔情"护花"，保护民营企业和企业家的合法财产，加大对企业家的表彰激励力度，提升企业家的荣誉感、安全感、使命感。坚持把弘扬企业家精神与传承湘商精神结合起来，在全社会营造尊重企业家、爱护企业家、支持企业家的良好风尚，锻造一支具有爱国、创新、诚信、社会责任和国际视野等特质的优秀企业家队伍。

市场主体是国民经济的细胞。我们要持续优化营商环境，构建"亲""清"政商关系，主动作为加大帮扶力度，让更多企业成为湖南经济活动的参与者、就业机会的提供者、技术进步的推动者，增强市场主体信心，激发市场主体动力，优化市场主体环境，让每一个市场主体都能从中获得足够的发展和成长机会。

李　钦　中共湖南省委全面深化改革委员会办公室副主任

着力点

湖南自贸试验区建设如何按下"加速键"?

2020年9月,中国(湖南)自由贸易试验区正式获批,这是党中央加快形成国内国际双循环相互促进新发展格局的关键时刻作出的重大决策。打造世界级先进制造业集群、联通长江经济带和粤港澳大湾区的国际投资贸易走廊、中非经贸深度合作先行区和内陆开放新高地,湖南自贸试验区的战略定位标志着湖南开放型经济发展站上了新的历史起点。面对这一湖南改革开放的里程碑事件,我们要以"起跑就是冲刺,开局就是决战"精神,按下"加速键",实现新跨越。

在对标国际规则中"闯"出新路子

路是闯出来的，事业是拼出来的。建设湖南自贸试验区必须牢固树立"闯将"精神，以领先中部、领军全国、领向世界的勇气和胸怀，主动对接《区域全面经济伙伴关系协定》（RCEP）、《全面与进步跨太平洋伙伴关系协定》（CPTPP）、《数字经济伙伴关系协定》（DEPA）等国际先进经贸规则，积极开展研究探索，加快建立与国际经贸规则相适应的开放型经济新体制。

促进货物贸易自由便利。综合利用关税减让安排，推动降低进口关税和制度性成本，扩大优质消费品、先进技术、重要设备、能源资源进口，降低重要产品特别是先进制造业关键零部件、非洲特色产品等进口关税总体水平，扩大现有优势产品出口，加强优势产业招商引资。充分运用原产地规则，建立国别商品减税对比清单，引导湖南自贸试验区内企业熟悉运用原产地规则，构建跨境价值链。积极拓展优势农产品的出口规模和出口渠道，推动口岸通关"绿色通道"，提升农副产品通关效率。

促进服务贸易高质量发展。加快推动对外贸易从货物贸易向"货物贸易—服务贸易—投资"转变，发展与货物贸易伴生的服务贸易。促进货物贸易与服务贸易、先进制造业和现代服务业融合发展，推动生产性服务业通过服务外包等方

讲故事

掘金 RCEP！
湖南布局建"枢纽"开"通道"

2022年1月1日，《区域全面经济伙伴关系协定》（RCEP）正式生效，将成为中国乃至整个RCEP成员外贸增长的加速器和新引擎。RCEP的风口已来，湖南抢抓机遇，省政府工作报告提出，2022年，湖南将加快五大国际物流通道和货运集结中心建设，其中，重点构建RCEP国家区域航空中转枢纽，支持怀化、永州融入西部陆海新通道。全面对接RCEP经贸新规则，实施新版外资准入负面清单和鼓励外商投资产业目录。深耕重点国别，抱团发展重点产业、重点项目。扩大重要装备、关键零部件以及优质消费品进口等。

式融入全球价值链。大力发展影视文化、寄递物流、仓储、研发、设计、检验检测、维修维护、国际结算、分销、展览展示、跨境租赁等新兴服务贸易，鼓励外贸企业开拓服务贸易市场，扩大特色优势服务出口。推动加工贸易向研发设计、营销服务、品牌经营等环节攀升，稳步提高出口附加值。

促进数字贸易创新发展。加快发展数字服务贸易，建立健全数字贸易促进政策，积极探索发展多元化业态模式。加快发展数字服务产业，推动传统产业和企业数字化转型。以制造业带动数字产业发展，实现湖南自贸试验区数字产业规模突破和出口能力提升。积极探索数据跨境流动规则，争取国家支持湖南自贸试验区在风险可控前提下开展数据跨境自由流动试点。加快发展"大智移云"战略性新兴产业，推进国家级互联网骨干直联点建设，支持企业"上云用数赋智"，打造数字经济新优势。探索兼顾安全和效率的数字产品贸易监管模式。

促进贸易发展新动能。推进跨境电商健康持续创新发展，支持湖南自贸试验区内的综合保税区依法依规适用跨境电商零售进口政策，优化跨境电商监管，探索跨境电商交易全流程创新。依托高桥市场采购贸易方式试点，加大国际采购商和各类市场采购贸易企业引进力度，扩大优势特色产品出口规模。完善易货贸易制度和非洲产品进口优惠政策，建立信息发布、交易撮合、贸易服务、数据分析、多对多中非易货贸易平台，加快推动中非互补性较强的商品开展易货贸易。

在深化制度改革中"创"出新经验

"惟改革者进，惟创新者强，惟改革创新者胜。"湖南自贸试验区必须牢牢扭住制度创新核心使命，牢固树立国家所需、地方所能、人民所盼、未来所向发展目标，着力提升企业获得感和人民群众幸福感。截至2021年11月底，湖南自贸试验区总体方案121项改革试点任务已经实施92.6%，国家278项自贸试验区制度创新成果已复制推广236项。

推动政府职能转变。围绕提升行政效能、降低企业成本，深化外国人管理服务"三窗合一"，推进税收和商事制度改革，优先保障重大项目用地，吸引外资外贸龙头集聚。在湖南自贸试验区探索试行"不税、不报、不检"和新设企业税收政策创新。建设"一网通办"系统，推进"一业一证"改革，实行企业开办程序一次告知、一表填报、一套材料、一次办好、一次领取，优化政务服务。推动知识产权保护、商业秘密保护、监管一致性等改革。

推动投资领域改革。全面落实全国和湖南自贸试验区外资准入负面清单，在政府采购、标准制定、资金补助、产业

列数据

湖南进出口总额突破 5000 亿元大关

湖南进出口总额 **5390.6 亿**元
同比增长 **26.5%**
高于全国平均水平 **4.5** 个百分点
总量居中部第 **3** 位

2021 年 1—11 月

- 围绕"3+3+2"产业集群补链延链强链
- 举办"2021 港洽周"等重大招商活动
- 共签约省级重大项目 **419** 个投资总额 **4111 亿**元

- 湖南实际使用外资 **21.1 亿**美元
  同比增长 **66.8%**
- 实际到位内资 **10027.5 亿**元
  同比增长 **27.5%**
- 湖南对外实际投资额 **15.7 亿**美元
  同比增长 **9.7%**
  总量居中部第 **1** 位

政策、科技政策、资质许可、注册登记、上市融资等方面给予外商投资企业同等待遇。完善利用外资政策促进体系，优化重大外资项目跟踪服务工作机制，构建招商引资项目长远发展评估体系。建立外商投资"一站式"服务联络点，设立"单一窗口"。完善外商投资企业投诉工作机制，建立多元化知识产权争端解决与快速维权机制。

推动金融领域开放。利用人民币跨境支付系统（CIPS），建好用好中非跨境人民币中心，加快推进长沙数字人民币试点，开展外商投资股权投资企业合格境外有限合伙人试点，推进知识产权质押融资，探索融资租赁服务装备制造业发展。放宽外商设立投资性公司申请条件，取消设立企业数量要求。开展资本项目收入支付便利化改革试点，简化外汇收入支付手续。开展货物贸易外汇收支便利化试点。放宽跨国公司外汇资金集中运营管理准入条件，支持发展总部结算功能。支持金融机构运用区块链、大数据、生物识别等技术提升金融服务能力。

推动生产要素优化。推进电力改革试点，进一步降低企业用电成本。加强重大项目用地保障，推动各项用地支持政策向湖南自贸试验区倾斜，通过"净地""标准地""弹性供地"和"土地全生命周期管理"等举措，将用地保障落实到每一个项目地块。充分发挥现行税收优惠政策对创新的激励作用，对装备制造业等重点产业研发奖补予以政策倾斜。

在服务国家战略中"干"出新成效

大道至简，实干为要。湖南自贸试验区作为改革开放的试验田、排头兵，必须紧扣"一产业一园区一走廊"三大特色战略定位，坚持干字当头、干在前列、干在实处，用实干书写改革开放新篇章。截至2021年11月底，湖南自贸试验区新设立企业10981家，新引进2亿元人民币以上重大项目122个，总投资额2456亿元。

打造世界级先进制造业集群。打造产业集群矩阵，建立健全"3+3+2"先进制造业集群梯次培育发展机制，实施技术创新和组织变革双轮驱动。培育集群发展主体，聚焦20条新兴优势产业链，大力培育和引进核心龙头企业、"专精特新"企业、关键零部件生产企业和企业总部、功能性总部、区域性总部等，积极承接央企和跨国公司总部落户。持续扩大科技创新，紧盯"卡脖子"技术和创新链前端，引进国内外知名科研机构、创新平台，推动外资企业与本土企业科技研发合作，推动产业数字化、绿色化、智能化，扩大科技、数字、绿色等领域投资合作。提升引入外资质量，引导外资流向高端制造业、智能生产体系、现代农业、现代服务业等领域，以及数字贸易、工业设计、检测检验等新兴服务产业，提升湖南自贸试验区全球资源配置能力。

打造中非经贸深度合作先行区。习近平总书记在中非合作论坛第八届部长级会议上宣布在华设立中非经贸深度合作先行区，赋予湖南新的使命和机遇。推动建立先行区部省联席会议机制，主动承接国家对非合作重点项目、重大试点和政策创新，争取央企资源支持。建设非洲非资源性产品集散交易加工中心，加强棉花、咖啡、可可、腰果、鲲鱼等合作，打造非资源性产品全产业链。建设中非跨境人民币中心，畅通对非人民币清算（结算）渠道，推动人民币跨境双向流动。建设中非经贸合作促进创新示范园，打造中非经贸企业总部聚集基地，推动株洲二手车出口试点，支持邵阳、岳阳、浏阳市建设中非经贸产业园。

打造联通长江经济带和粤港澳大湾区的国际投资贸易走廊。发展创新飞地，出台片区与非片区协作联动有关指导意见，突破行政区体制机制限制，构建联动发展新格局。加强区域合作，推动长江经济带产业合理布局，制定完善湖南省长江经济带发展负面清单，提升长江经济带产业协同合作能力。支持郴州与广州园区的深度合作，鼓励省内其他市州探索与深圳、香港、澳门在科技、金融、中医药、文旅会展等方面开展合作交流。加强与澳门经贸合作，充分利用其"一中心一平台"资源优势，以澳门为中心辐射葡语国家。

对接大湾区"菜篮子"工程，以永州、邵阳、郴州为重点，通过引进大型物流公司，强力推进省内物流特别是冷链物流建设，扩大果蔬等农产品输出。

"为国家试制度，为地方谋发展"。以自贸试验区建设为契机，湖南将充分发挥"一带一部"优势，保持"咬定青山不放松"的定力，拿出"越是艰险越向前"的气魄，在推动高质量发展中闯出新路子、在构建新发展格局中展现新作为、在推动中部地区崛起和长江经济带发展中彰显新担当。

沈裕谋　湖南省商务厅党组书记、厅长

着力点

内陆大省崛起需要怎样的营商环境？

好的营商环境是市场主体成长发展的前提，是构建高水平社会主义市场经济体制、推动有效市场和有为政府更好结合的基础。当前，湖南各地均高度重视营商环境的改善，但与先进省份相比、与先进企业相比、与群众热切期盼相比仍有不少差距。优化营商环境，根本是要破除思想保守之冰，核心是要解决能力不足之难，关键是要医治作风漂浮之症，以刀刃向内的决心敢于亮剑。

聚焦痛点，营商环境再上新台阶

2021年以来，湖南聚焦市场主体痛点，狠抓优化营商环境"七大攻坚"；聚焦民营企业发展，实施促进民营经济发展"六个一"，推动营商环境再上新台阶，以营商环境优化助推全面落实"三高四新"战略定位和使命任务。在全国工商联发布的2021年度"万家民营企业评营商环境"结果中，湖南排名第8位，比2020年提升了两位，居中部第一，湖南正逐渐成为企业创业、投资、发展的福地和沃土。

企业办事更便捷。湖南在全国打响了"一件事一次办"品牌，对329件事项实行"一次告知、一次表单、一次联办、一次送达"。企业开办时间压缩至两天以内，简易注销办理时间由法定的15天压缩至两天（不含公示期）。加大"证照分离""一业一证""证照合一"等改革力度，实现市场准入准营同步。工程建设项目审批流程、信息数据平台、审批管理体系和监管方式实现"四统一"，审批时限由236个工作日压缩至21～100个工作日。"用地清单制+告知承诺制""交房即交证""拿地即开工"等改革实现多点突破。

惠企支持更直接。编制发布《湖南省民营企业支持政策手册（2021版）》，有关政策兑现纳入"一件事一次办"清单。推进实体经济降成本行动，强化金融服务支持，省级立项涉企行政事业收费项目清零，2021年前三季度全省减税降费201.2亿元，发放贷款7559.9亿元。深化"银税互动""信易贷"，继续执行普惠小微企业贷款延期还本付息和信用贷款支持政策，全省银行业普惠型小微企业贷款综合融资成本较2020年下降82个基点。集中整治转供电加价问题，将政策红利传导至终端用户。清理政府合同纠纷和拖欠账款，整体清偿率超96%。

权益保护更有力。强化"双随机、一公开"和跨部门联合监管执法，规范执法行为，全省因行政执法行为引发的行政诉讼案件数量连续两年下降。开展涉民营企业积案清理等专项工作，3年以上未结诉讼案件清零。全面纠正涉企类案件违规立案、久拖不决、违规查扣冻等行为，实施企业破产处置府院联动机制，切实保障民营企业及企业家合法权益。构建覆盖全省"1+3+6+32"知识产权维权服务体系，实现知识产权保护"一站式"服务。整合公证、司法鉴定、法律援助、人民调解以及法制宣传等各项法律服务，打造半小时公共法律服务工作圈。出台《湖南省优化营商环境规定》，将优化工作纳入法治化轨道。

市场活力更充沛。实施《湖南省加大全社会研发经费投入行动计划（2017—2020年）》，支持企业承担科技创新项目，加快培育壮大新动能。严格实行外商投资准入前国民待

学典型

湘江新区不断优化营商环境

作为改革创新的"试验田",湘江新区坚持把企业家当"自己人",不断优化营商环境。近年来,着力建设行政审批"一站式"服务平台,把所有业务集中到 6 个综合窗口,在长沙率先建成"多规合一"平台,在全省首创"无纸化""要素化"服务模式,通过平台共享审批成果压减了 35.5% 的申报材料,"最多跑一次"实现率达 90% 以上,办事企业满意度 93.3%,与赣江新区、南沙新区实现了首批 18 项行政审批事项跨省办,后期还将与更多新区实现跨省审批,打造了"互联网＋政务服务"的湖南样本。

遇加负面清单管理制度，稳步提升外资来湘投资活跃度。开展湖南自贸试验区营商环境改革先行先试，全链条赋予湖南自贸试验区省级权限97项，全面推行极简审批。实行出口退税电子退库，推行一类企业出口退税"即办即退"制度，助推建设内陆地区改革开放新高地的"排头兵"。

深化改革，重塑内陆大省竞争优势

湖南营商环境优化成绩亮眼，但对照先进地区与市场主体期盼，湖南无论在思想观念、体制机制还是具体举措等方面还有一定差距。如一些领导干部担当服务意识不够强，害怕担责、不敢做事；数据共享推进不理想，很多业务系统还没打通；执法的自由裁量权弹性过大，多头检查、重复检查等现象依然存在；中小微企业、民营企业融资难、融资贵问题没有完全解决，市场准入隐形壁垒未完全突破，包容开放氛围还不浓；等等。

船到中流浪更急，人到半山路更陡。从当前各地的实践发展来看，营商环境不进则退、慢进亦退，营商环境越好就越能抢占发展先机。在新的发展格局下，作为中部内陆省份的湖南更要以"闯""创""干"的精气神，持续深化营商环境改革，重点围绕助力市场主体高质量发展，为企业全生命周期提供高层次优质服务，为不同市场主体提供差异化政策支持，以营商环境优化重塑内陆大省竞争优势，推动中部地区高质量发展。

做优行政审批服务，让市场主体办事不难。深入推进政务服务标准化、规范化、便利化，让企业办事"少跑腿"、数据"多跑路"。全面推进"一件事一次办"三批事项落地，加快实现同一事项无差别受理、同标准办理，推动更多惠企政策免申即享。推动更多服务事项下放基层，赋予园区更大的审批服务自主权，实现"一站式服务""一门式办理"。大力度推动"一网通办"，拓展一体化政务服务平台应用场景，推动高频电子证照标准化和跨区域互认共享，推动政务数据向公共服务机构共享。加大"一业一证""证照分离"改革力度，精简涉企经营许可事项，推行企业注销"一网"服务。深化项目审批制度改革和区域评估成果应用，扩大"三零"服务实施范围，铺开"拿地即开工""交房即交证"改革。

做实减税降费增效，让市场主体活力迸发。完善各类支持实体经济发展政策，进一步降低企业经营成本，提升开放创新能力。落实减税降费政策，深入清理整治违法违规涉企收费行为，规范水、电、气领域不合理收费，进一步减轻企业经营负担。强化要素保障，大力推行供应链融资、动产抵押贷款、简易贷、信用贷、低成本贷、无还本续贷，降低融资成本。加大引才引智力度，推动产才融合、产教融合，畅通海内外高层次人才来湘工作通道。强化"亩产效益"导向，盘活低效和空闲土地。充分发挥科技要素市场和区域性股权市场等公共服务平台作用，加快建设一批基础技术、应用技术创新平台，支持更多企业提高科技创新能力。发挥自贸试验区、国家级新区体制机制优势，对标国际通行规则，在商事制度、项目审批、政务服务、综合监管、跨境贸易等领域开展首创性、差别化、集成性改革探索。

做严执法司法规范，让市场主体遇事不慌。完善监管执法、权益保护、公平竞争等制度，让市场主体公平参与市场竞争、平等受到监管和法律保护。全面推行"双随机、一公开"、跨部门联合执法，完善信用评价、信用修复、失信联合惩戒等信用体系制度，推行差异化监管。避免"一刀切"式执法，制定免罚清单，压缩自由裁量空间。加大对有案不立、违法立案、不当适用强制措施、案件久拖不决等执法不严、司法不公问题的监督纠正力度，持续清理涉法涉诉积案，加强企业破产处置府院联动，依法惩治各类侵犯产权行为，健全清理和防止拖欠账款长效机制等，切实保障企业（家）合法权益。强化公平竞争审查刚性约束，清理取消企业在资质资格获取、招投标、权益保护等方面存在的差别化待遇，防止滥用行政权力通过划分企业等级、增设证明事项等形式排除和限制竞争。

做细分类精准施策,让市场主体各得其所。强化梯度培育的政策支持和服务,推动各类市场主体优化升级。落实各项小微企业税费减免政策,完善多层次小微企业金融服务,增加小微企业首贷、中长期贷款、知识产权质押贷款等,鼓励创业投资和天使投资以股权投资等方式支持初创企业发展,助推小微企业"扎得下根"。加大对大中型企业技术改造扶持力度,支持大中型企业实施"抱团出海"行动,破除对民营企业在市场准入、招投标、政府采购等领域的隐性门槛和壁垒,助推大中企业"遍地开花"。支持龙头企业加强质量品牌建设,参与国际技术规范、标准制定,抓好龙头企业上市孵化、培育,支持龙头优质企业在海外上市,在全球布局研发设计中心,更好融入全球产业链供应链,助推龙头企业"顶天立地"。

做强体制机制保障,让市场主体敢于发声。构建有效市场和有为政府更好结合的体制机制,为营商环境优化提供坚强保障。强化湖南省优化经济发展环境联席会议对全省优化工作的统筹指导,探索建立营商环境"指标长"工作机制,跟踪跟进、学习借鉴6个国家营商环境创新试点城市经验做法。持续聘请各行各业企业商会、专家学者等担任营商环境监督测评站、点、员,加强常态化暗访督查,加大损害营商环境案件查处力度。建立制度化、常态化政企沟通渠道，抓紧抓实优化营商环境攻坚行动，落实促进民营经济发展"六个一"工作，建好"12345"政务服务热线和优化营商环境一体化平台，及时回应企业诉求和问题。持续开展市县营商环境评价，加强真抓实干奖励的正向运用、好经验好做法的总结推广和反面案例的曝光，营造"人人关注营商环境、合力优化营商环境"的良好氛围。

"一个馒头吃不饱，一个名声背到老。"优化营商环境之路只有进行时，没有休止符。每一个湖南人都是营商环境中的一员，我们要像爱护自己的眼睛一样爱护湖南的形象，持续深化"放管服"改革，解决市场主体和人民群众的所思所盼所想，加快打造市场化、法治化、国际化的一流营商环境。

陈永实　湖南省发展和改革委员会党组成员
　　　　　湖南省优化经济发展环境领导小组办公室主任

05 关键词

经济高质量发展

先读为快

扩大内需

支持长沙打造国际消费中心城市，打造时尚消费和品质消费地标，让长沙从"网红"过渡到"长红"。
紧紧围绕"两新一重"，在以新基建为引领的扩投资上拓空间，适度超前开展基础设施投资。
支持更多民间资本投资公共服务、经营性基础设施、新基建、农村农业等领域。

产业高质量发展

以"科研成果转化"为突破口，强化产业创新驱动能力。
以"亩产论英雄"为突破口，提高产业用地使用效率。
以"一件事一次办"为突破口，优化产业营商环境。
以"工业互联网"为突破口，推动产业数字化转型。

县域经济

以县域经济高质量发展带动乡村振兴，是一个时代新课题。
县域经济实现高质量发展的首要前提就是使其要素禀赋结构升级。
推进县域经济高质量发展的根本出路，在于把特色产业作为突破口，着力打造优势明显、布局合理、配套完备的特色产业集群。

强省会战略

扩大城区面积和人口规模是强省会的必由之路。

长沙建设强省会的最大动能在科技创新。

发挥长沙在营商环境、生态环境、生活环境、文化环境等方面的竞争力，以宜居为重要突破口，打造更加宜居宜业宜游的最具幸福感城市，以此带动产业、人口规模和能级提升。

区域协调发展

长株潭区域一体化发展历经几十年有效探索，已成为全省现代化建设和全方位开放的战略支撑。

高起点推进湖南自贸试验区建设。

推动中非经贸合作向更高更广迈进。

加强与长江经济带沿江省市合作，推动长江中游三省协同高质量发展。

全面对接粤港澳大湾区建设。

"五好"园区建设

"五好"园区，即规划定位好、创新平台好、产业项目好、体制机制好、发展形象好。

碳达峰、碳中和作为国家发展基本要求，园区要走绿色低碳循环发展之路。

建设"五好"园区，要建立健全园区评价制度、加强园区政策扶持、支持园区绿色低碳循环化发展、提升园区规划水平、支持园区优化整合和新型产业建设。

着力点

如何扩大内需，畅通经济循环？

随着消费总量的增长、消费结构的升级，我们比以往任何时候都更需要依靠内需来稳增长，依靠扩大内需来应对各种风险挑战。只有深化供给侧结构性改革，增强供给结构对需求变化的适应性和灵活性，扩大有效供给，才能从深层次上解决供需错位的问题。"十四五"时期，湖南要坚持扩大内需这个战略基点，把扩大内需战略与供给侧结构性改革有机结合，推动形成更高水平供需动态平衡，精准扩大有效投资，持续释放消费潜力，不断深化对外开放，在"双循环"新发展格局中展现湖南作为。

增强消费，持续扩大内需

扩大消费是拉动内需的持续动力。近年来，湖南高度重视提高消费能力、改善消费环境，消费已经成为经济增长的主拉动力。但也要认识到，湖南消费对经济增长的贡献率低于全国平均水平。面对新冠肺炎疫情冲击下国内外发展环境的变化，省第十二次党代会明确提出"增强消费对经济发展的基础性作用"，为湖南扩大内需指明了重点。

全面促进消费是顺应人们对美好生活向往的重要举措。提高人们的消费水平，改善生活质量，既是马克思主义自由全面发展的根本价值取向，也是经济可持续发展的基本动力。面对人民日益增长的美好生活需要，针对湖南消费能力相对不足的短板，必须进一步强化就业优先导向，提高经济增长的就业带动力，鼓励创业带动就业，深化收入分配制度改革，扩大中等收入群体，不断提高居民收入特别是中低收入者的收入，提升居民消费能力，完善公共服务政策制度体系和社会保障体系，让人们能消费、愿消费、敢消费。

加快传统消费提档升级和新兴消费提质扩容。大力促进传统消费提档升级，进一步稳定汽车、家电产品等传统大宗消费，培育夜经济消费，支持线下经营实体向场景化、体验式、互动性、综合型消费场所转型。大力发展网络消费，推动"宅经济""宅消费"及在线消费、非接触性服务消费，

学典型

湖南稳投资典型做法在全国推广

　　扩大合理有效投资，是实现经济可持续增长的"定海神针"，也是扩大内需的重要抓手。"十三五"以来，湖南全力扩大有效投资，争取中央预算内投资超 1000 亿元、发行企业债券超 1500 亿元；累计实施重点项目 986 个，建成了一批支撑全局的重大骨干工程。2020 年，湖南抢抓国家重大政策机遇，全省固定资产投资同比增长 7.6%，增速居全国前列。湖南稳投资做法被作为典型在全国推广。

促进线上线下教育培训、医疗保健、养老服务等服务消费融合发展，推进"零售+体验"等新型融合式跨界业态发展，发展数字生活新服务，鼓励消费新业态新模式新场景发展。

积极培育多层级消费中心。支持长沙打造国际消费中心城市，打造时尚消费和品质消费地标，培育内外贸融合的国际消费新平台，精心组织各类主题消费活动，挖掘高端消费潜力，全面提升消费吸引力，让长沙从"网红"过渡到"长红"。立足于"一核两副三带四区"空间布局，全方位建设一批特色鲜明的智慧商圈、时尚街区，打造一批具有湖湘特色的区域消费中心城市。加快县域商业体系建设，构建高效配送网络体系，畅通城乡流通渠道，建设以县城为重要载体的城乡融合消费网络节点，充分释放农村消费潜力。

营造好消费环境。进一步完善和健全消费政策，稳定和优化消费环境，促进居民消费信心不断增强，激发消费活力。大力开展放心消费示范单位创建行动，让消费者享受到更加安心、安全、便捷的消费体验。实现投诉举报全过程信息化办理，畅通维权渠道，强化消费者权益保护，提升消费维权水平。健全特定消费领域规章制度，加强消费领域信用建设，完善消费纠纷调解援助机制，切实提高消费环境安全度、经营者诚信度和消费者满意度。

有效投资，优化供给结构

扩大有效投资既是扩大内需的重要方面，更是优化供给结构的重要举措。当前和今后一个时期，湖南经济运行面临的主要矛盾仍然在供给侧，供给结构不能适应需求结构变化。面对复杂的国内外经济形势，省第十二次党代会强调"充分发挥投资对优化供给结构的关键性作用"，这为湖南扩大内需明确了关键。

大力推进"两新一重"建设。紧紧围绕"两新一重"，在以新基建为引领的扩投资上拓空间，适度超前开展基础设施投资，实施一批强基础、增功能、利长远的重大工程和项目，及早谋划布局数字经济、生命健康、新材料等战略性新兴产业、未来产业，推进以市县域为整体的城乡基础设施和新基建的统一规划、建设和管护，完善交通、能源、水安全、物流、信息五张网。

构建以铁路、公路为基础的现代化综合交通运输体系，拓展长沙"四小时航空经济圈"，打造轨道上的长株潭，构建以"一江一湖四水"为骨干的航道网及"一枢纽、多重点、广延伸"的全省港口体系，建设国家综合交通枢纽。夯实能源保障网，大力引进省外优质能源，充分发挥煤电兜底作用，加快发展新能源，积极推进抽水蓄能、燃气发电、化学储能电站建设，构建保障有力、清洁低碳、适度超前的能源供应体系。筑牢水安全网，保障防洪和供水安全。优化物流配送网，建设国家现代物流区域中心，加快形成内外联通、安全高效的物流网络。全面部署新一代通信网络基础设施建设，加快推动5G、数据中心、工业互联网、人工智能、北斗导航、数据安全等投资建设，建设高速泛在、天地一体、云网融合、智能敏捷、绿色低碳、安全可控的智能化综合性数字信息基础设施，打通经济社会发展的信息"大动脉"。

不断调整优化现有供给结构。聚焦打造国家重要先进制造业高地，顺应多层次、多元化的市场需求，加大对先进制造技术的研发投入，引导企业把资金投向信息化和设备更新改造领域，在关键核心技术和共性技术上取得新突破，着力提升制造业核心竞争力。

抢占产业、技术、人才、平台"四个制高点"，推动传统制造业改造升级，扩大战略性新兴产业投资，强化数据、信息等先进生产要素应用，统筹推进产业数字化和数字产业化，培育上下游协同创新、复杂产品设计、质量品牌建设、个性化定制等先进产业能力，注重发展集劳动密集型产品代工与先进制造能力为一体的生产模式，健全制造业高端化标准体系，深入实施智能制造工程，提升"湖南供给"对全国需求的适配性和在国际市场的竞争力。

讲故事

郭立亮 摄 湖南图片库

张吉怀高铁打通"黄金联络线"

2021年12月6日,张吉怀高铁正式开通运营,大湘西加速融入全国高铁"联动圈"。这是湖南承东启西、连南接北的又一次升级——全国"八纵八横"高速铁路网中,张吉怀高铁北接黔张常铁路,南连沪昆高铁、怀邵衡铁路,不仅辐射整个武陵山片区,更让湖南承东启西、连南接北的区位优势进一步凸显。有了张吉怀高铁,全省"2小时高铁圈"的范围越来越大。省外以小时计的"经济圈""联动圈"也不断"开疆拓土"。高铁带来的红利,不仅仅是出行更便利,人流、物流、信息流、资金流和商贸流也将随着这条"黄金联络线"加速向大湘西聚集。

抓实企业、产业、产业链、产业生态"四个着力点"，启动一批产业基础再造工程项目，激发涌现一大批"专精特新"企业，促进房地产业良性循环和健康发展，积极支持和着力推进既能促消费惠民生又能调结构增后劲的重大工程建设，支持有利于促进城乡区域协调发展的重大项目建设，加强重大项目用地保障，推动重大项目落地。

以更有效的举措激发民间投资活力。进一步优化营商环境，让服务型政府的形象深入市场主体及创业者心中，激发市场主体的创新创业活力。抓实"扩大投资十大行动"，继续帮扶民间投资发展，发挥政府投资"四两拨千斤"的撬动作用，形成市场主导的投资内生增长机制，更好地激发民间投资活力。加快建立企业投资市场主导、融资渠道丰富畅通、政府服务灵活高效、监管适度科学的新型企业投资管理体制，完善政府和社会资本合作模式，支持更多民间资本投资公共服务、经营性基础设施、新基建、农村农业等领域，进一步拓展投资空间。积极促进国有经济与民间资本合作，实施国民、军民深度融合发展战略，提升投资效益，切实提振民间投资信心和活力。

扩大开放，畅通经济循环

面向未来，湖南要在构建新发展格局中展现新作为，必须把实施扩大内需战略同高水平扩大开放相统一，突出供需两端发力、有效市场和有为政府结合、"一带一路"和自贸试验区带动、市场化法治化国际化营商环境构建"四个关键点"，加快培育完整内需体系，进一步扩大开放，在重点领域和关键环节改革上实现重大突破，推动更高水平供需动态平衡，促进国内国际双循环。

着力畅通"双循环"要素通道。深度融入"一带一路"建设，大力开拓RCEP成员国、非洲国家等新兴市场，深入推进"五大开放行动"，高质量建好湖南自贸试验区，高水平办好中非经贸博览会，拓展以航空货运、中欧班列、江海航线、铁海联运为重点的国际物流大通道，积极开拓海外市场和跨境合作，加入全球创新链，同时加强与省外沟通衔接，深化国内区域合作，扎实推进省际毗邻区域协同发展，推动区域开放联动，着力提高全省市场对外开放程度，努力把湖南建设成为国内国际双循环资源配置的"桥头堡"，实现内需与外需、内资与外资、进口与出口、引进外资和对外投资稳步提升、协同发展。

实施更大范围、更宽领域、更深层次对外开放。深入推进开放型经济新体系建设，优化重点外资项目跟踪服务工作机制，推进内外贸、产工贸一体化，深化"单一窗口"建设，健全贸易摩擦应对机制。构建更加完善的对外开放支撑体系，探索建设自贸试验区联动创新区，打造中非经贸深度合作先行区，统筹推进海关特殊监管区、跨境电商综合试验区等开放平台协同发展，对接共建西部陆海新通道。推动高水平"引进来""走出去"，紧盯"三类500强"、头部企业、外贸实体龙头企业实行市场化专业招商，大力引进国内外知名科研机构、跨国公司设立分支机构和研发中心，稳步推进境外经贸合作区建设，加强优势产能国际合作，带动技术、装备、劳务"走出去"。

深化改革为经济循环畅通提供制度保障。畅通国民经济循环，最重要、最有效的手段就是深化改革。经过几十年的努力，如今重要领域和关键环节的改革成效显著，基础性制度体系基本形成。面向未来，湖南必须从供需两端发力，把改善供给结构和质量作为主攻方向，推进创造型、引领型、市场化改革，全面深化"四大改革行动"，着力破除体制机制弊端，加快形成与国际投资、贸易通行规则相衔接的基本制度体系和监管模式，降低制度性交易成本，稳住市场主体和消费者的预期，着力破解生产和消费脱节、金融和实体经济失衡等难题，为实现经济循环畅通高效、形成更高水平供需动态平衡提供制度保障。

"十四五"时期,是湖南参与构建新发展格局的关键时期,要加快推动实施扩大内需战略,促进消费扩容提质,畅通国内大循环,积极应对外部风险挑战,增强经济的韧性和活力,大力推动社会主义现代化新湖南建设。

肖万春 湖南省人民政府参事、中共湖南省委党校(湖南行政学院)教授

着力点

如何让区域协调发展澎湃更大动力？

近年来，湖南深入实施区域协调发展战略，在推动中部地区崛起和长江经济带发展中彰显了应有担当，区域发展格局不断调整优化，有效推动了经济社会高质量发展，同时也存在重点核心区域发展迅速、偏远地区发展相对滞后、不同地区发展差距较大等现象。湖南的区域协调发展，既要放在全国"一盘棋"的格局，主动融入长江经济带、粤港澳大湾区、"一带一部"等国家战略中，同时要立足全省发展实际情况和各区域资源禀赋差异，加快完善相关体制机制，打破协调发展障碍，防止区域间利益格局固化，推动全省各区域协调发展。

打造中部地区崛起的重要增长极

推进长株潭一体化建设，打造中部地区崛起的重要增长极。长株潭区域一体化发展历经几十年有效探索，已成为全省现代化建设和全方位开放的战略支撑。湖南省委、省政府高位推动、强力推进，各相关部门和长株潭三市共同努力，长株潭一体化构建了新机制、取得了新成效、展现了新气象。

规划引领方面。湖南出台《长株潭区域一体化发展规划纲要》和《长株潭一体化发展五年行动计划（2021—2025年）》等规划文件，明确大力实施规划同图、设施同网、三市同城、市场同治、产业同兴、生态同建、创新同为、开放同步、平台同体、服务同享"十同"行动。

基础设施同网方面。"三干"实现全部通车，长株潭轨道交通西环线一期工程动工，长沙地铁6号线东延段、长沙磁浮东延线开工建设，长株潭城际铁路逐步实现地铁模式运营，"半小时通勤圈"初步形成。

要素流动方面。建立长株潭城乡建设用地指标统筹管理机制，完善建设用地、补充耕地指标跨区域零障碍交易机制，加快制订长株潭存量土地一体化盘活方案。推动建立长株潭技术交易市场联盟，共同促进技术转移转化和创新资源共享。长沙数字人民币试点加速推进，长沙县"三一科学城"数字人民币特色示范园区正式启动建设。

产业创新方面。积极开展先进制造业集群试点示范，推进长株潭工程机械、先进轨道交通装备、先进硬质材料、先进储能材料、安全可靠计算机及创新应用、航空航天被纳入国家先进制造业集群。

平台建设方面。支持湖南自贸试验区长沙片区与长沙临空经济示范区、长株潭国家级经开区、长株潭国家级高新区及海关特殊监管区域联动发展，加快长株潭国家自主创新示范区建设，推动长沙创新谷、株洲动力谷、湘潭智造谷协调联动。统筹推进湘江新区核心区、规划区、拓展区建设，湘江融城科技小镇一期等项目正式启动。

生态同建方面。推进马栏山"净零碳"示范园区建设，马栏山园区内实现区域能源集中供能系统全面覆盖。加快推进清水塘和竹埠港生态修复，持续推进湘江流域水环境综合治理和开发利用。2021年前三季度，长株潭三市地区生产总值达13921.42亿元，占全省比重达41.9%。

建设岳阳、衡阳两大省域副中心城市。出台《支持岳阳市加快建设省域副中心城市的意见》和《支持衡阳市加快建设省域副中心城市的意见》等政策文件。岳阳充分发挥通江达海独特区位优势，紧紧围绕七大千亿级产业和"12+1"优势产业链，加快形成"枢纽+通道+平台+产业"的良性循环，着力打造"三区一中心",经济运行呈现稳中有进、稳中向好的态势。衡阳着力打造现代产业强市,大力实施"一体两翼"发展战略,培育发展14条优势产业链,加快建设国家创新型城市,扎实推进产业基础高级化、产业链现代化,具有衡阳特色和品牌的现代产业高地正加速形成。2021年前三季度,岳阳、衡阳GDP分别为3081.32亿元、2790.37亿元,居全省第2位、第4位。

加快建设湘赣边区乡村振兴示范区。湘赣边区乡村振兴示范区创建上升为国家战略,交通基础设施联通、红色文化旅游提升、长征国家文化公园(湖南段)建设等十大重点工程进展顺利。韶山至井冈山红色旅游铁路专线开通,平江—伍市(湘赣界)、江背—干杉高速公路等重点项目加快推进,"湘赣红"区域品牌不断培育壮大,烟花、陶瓷等传统支柱产业转型升级加快,湘赣边革命老区人民获得感、幸福感和安全感不断增强。

积极融入"一带一路"建设

积极拓展与"一带一路"沿线国家和地区经贸交流,内陆地区开放发展高地加速崛起。2021年前三季度,湖南进出口总值4251亿元,同比增长28.4%。其中,出口2932.8亿元,增长34.9%;进口1318.2亿元,增长16%。

讲故事

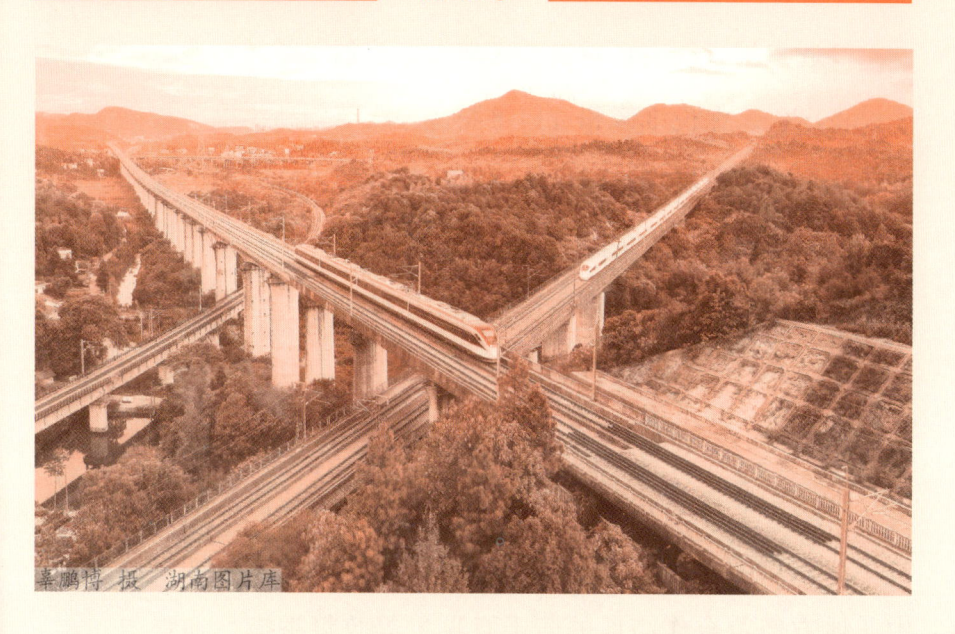

嘉鹏博 摄 湖南图片库

"轨道上的长株潭"建设取得重大进展

"三干两轨"是长株潭一体化关键交通项目。长沙、株洲、湘潭间的快速交通主干道"三干",即芙蓉南路、洞株公路、潭州大道均已通车;长株潭城际铁路2016年运行,2019年连接了常德、益阳。

长株潭城际轨道交通西环线一期工程是其中的"一轨"。该项目起自湘潭北站,自南向北沿潭州大道穿越湘潭九华、湘江新区坪浦组团至长沙地铁3号线一期工程起点站山塘站,全长17.29公里,于2019年开工建设。2021年,长沙地铁3号线延长线工程建设全面铺开,预计2023年底前完成建设投入运营,届时将真正实现长株潭"半小时交通圈"。

高起点推进湖南自贸试验区建设。深加工结转退税、二手设备出口、保税维修和进口再制造等改革创新举措取得突破。首个数字贸易特色园区——黄花数字贸易港开园，成功举办博鳌亚洲论坛全球经济发展与安全论坛——自贸试验区与国内改革开放高地建设论坛，自贸试验区平台集聚效应不断增强。2021年1—8月，湖南自贸试验区累计实现进出口总值1059.6亿元，占同期全省进出口总值的28.6%。

推动中非经贸合作向更高更广迈进。为加快落实中非合作八大行动，出台了《关于落实中非合作八大行动打造中非地方经贸合作高地的若干意见》等政策举措，加强与非洲全方位、多领域的交流合作。第二届中非经贸博览会成功吸引了乌干达、坦桑尼亚、苏丹等近40个非洲国家和来自国内26个省（区、市）的近900家企业参展参会，共征集到合作项目569个，签约135个，累计金额229亿美元。湖南省中非经贸合作研究会、中非跨境人民币中心、中非直播电商孵化中心等服务平台启动运营，中非经贸合作促进创新示范园一期投入使用，二期即将完工投入使用。对非物流重要通道——湘粤非铁海联运班列正式启运，铁路货运通道实现与粤港澳大湾区港口群往返非洲大陆的海运航线无缝衔接，通道服务延伸至非洲大陆腹地各国，辐射拉美、亚太、中东等地区。

推动中欧班列高质量发展。中欧班列（长沙）目前已开行莫斯科、明斯克、马拉、布达佩斯、汉堡、塔什干、阿拉木图等去程班列，汉堡、布达佩斯、莫斯科等回程班列，常态化运行路线10余条，其中明斯克班列已被打造成全国明星班列，占全国市场份额近六成，位居全国第一。

深度融入长江经济带发展

加强与长江经济带沿江省市合作，推动长江中游三省协同高质量发展。湖南与湖北、江西签署了《长江中游三省协同推动高质量发展行动计划》《长江中游三省省会城市深化合作方案》《长江中游三省"通平修"绿色发展先行区建设框架协议》等合作文件，明确加强"共抓生态保护，建设中国绿心""共推红色旅游，弘扬奋斗精神""共享科教资源，强化创新引领""共锻产业链条，打造现代产业体系"等九大重点领域合作。

大力推进岳阳长江经济带绿色发展示范区建设，围绕营造和谐江湖生态系统、破解"化工围江"难题、构建生态产品价值实现机制三大领域，积极推进长江经济带绿色发展示范区"十大标志性工程"，加快构建现代产业、开放带动、立体交通、城乡统筹、生态发展新格局，长江经济带绿色发展示范区建设取得实质性成效。

与成渝地区双城经济圈合作不断深入，西部陆海新通道建设加快，怀化至北部湾港铁海联运班列开通。截至2021年8月底，怀化已先后发送10列铁海联运班列，运进送出各类货物1.8万多吨，货物总价值1588.3万元。

全面对接粤港澳大湾区建设

积极推动长沙机场改扩建工程综合交通枢纽主体工程开工建设，提升黄花机场区域性国际航空枢纽地位，加快构建长沙"四小时航空经济圈"。张吉怀高铁、常益长高铁等建设加快，加开直达香港、广州、深圳、珠海等地高速列车，打造湖南至大湾区3~5小时便捷通达圈。

大力承接大湾区产业转移。以长沙为例，2021年1—8月，港澳地区实际利用资金11.81亿美元（其中香港地区实际利用11.76亿美元）。与此同时，来自大湾区的投资占比近四成。

湘南湘西承接产业转移示范区建设成效显现。2020年，示范区完成地区生产总值1.28万亿元，占全省地区生产总值的30.6%；实际使用外资63.7亿美元，实际到位国内资金3157.6亿元，分别占全省总额的30.3%、36.1%。截至2021年6月，示范区共承接世界500强、中国500强、中国民营企业500强投资项目187个，其中世界500强企业投资项目70个。

学典型

岳麓区：长株潭一体化建设新典范

作为推动长株潭区域一体化的天然"桥头堡"，岳麓区以长沙市"五个十大"项目为统揽，聚力打造科技创新高地的高峰，硅基量子、区块链底层技术等项目全力推进，外企德科等总部企业成功落户；聚力当好推进长株潭一体化的先行军，融城科技小镇、暮坪湘江特大桥等项目加速推进；聚力当独具魅力山水洲城的展示区，观沙岭城市更新片区、新湘雅健康城进展顺利，渔人码头提质改造全面完成，麓景路南延线、岳华路等道路成功拉通；聚力当好文旅高质量融合发展的新样板，莲花片区、湖南祗园加快建设，宜家荟聚、凤凰街、世贸希尔顿开门营业。

周文辉 摄 湖南图片库

科技创新合作开启新篇章。成功举办湖南–粤港澳大湾区科技创新融合发展对接会，湖南与粤港澳大湾区轨道交通、生物医药、人工智能等产业领域创新合作不断深入。岳麓山大科城粤港澳科创产业园启动，香港城市大学（长沙）创新科技中心、晶准生物医学有限公司、4D打印陶瓷研究项目等创新平台项目和科创项目如期落地。

未来五年，是全面落实"三高四新"战略定位和使命任务、建设现代化新湖南至关重要的五年。湖南发展既面临重大历史机遇，也面临诸多风险挑战。综合来看，湖南发展仍处于大有可为的重要战略机遇期，应进一步发挥"一带一部"优势，把促进自身发展与服务全国大局有机统一起来，主动对接融入国家区域战略布局，优化区域发展格局，在推动中部地区崛起和长江经济带发展中彰显新担当新作为。

加快推进长株潭一体化

长株潭城市群是实施促进中部地区崛起战略、全方位深化改革开放和推进新型城镇化的重点区域，是全省全面落实"三高四新"战略定位和使命任务的"领头雁"，是现代化建设和全方位开放的战略支撑。

壮大长株潭核心增长极。大力实施长株潭一体化工程，全面加快"十同"步伐，在打造"三个高地"上率先突破，在增强承载带动功能上聚焦发力，将长株潭建成全面落实"三高四新"战略定位和使命任务的主阵地、现代化湖南建设的主力军、新一轮综合改革创新试验区。

打造长株潭现代化都市圈。依托三市中心城区，推进长沙县、湘潭县撤县设区，发挥长株潭整体优势，创建国家中心城市，加快构建以长株潭都市区为主中心，涵括宁乡、浏阳、醴陵、湘乡、湘阴五大副中心的长株潭现代化都市圈，围绕副中心布局一批产业基地、新城新区和特色小镇，推动长株潭都市区由"一核集聚"向"多核多圈层"的都市圈转变。

加强区域间战略协同。密切长株潭城市群与武汉都市圈、昌九都市圈的深入连接，共同打造"中三角"，形成"第四极"。

加强与粤港澳大湾区、长三角、京津冀的纵深联系，促进协同联动发展，全面提高湖南区域发展竞争力，打造全国经济高质量发展的战略接续区。

加快建设岳阳、衡阳两大省域副中心城市

支持岳阳用好用足通江达海优势，建设长江经济带绿色发展示范区。依托港口功能，上联成渝地区双城经济圈、下联长三角、内联"一湖四水"流域，建成港口型国际物流

枢纽。依托铁路大通道，推动北联武汉、南联长沙、东联江西，密切跨省份城市之间的经济联动与创新协作，打造"中三角"要素聚集流动的中心城市。依托湖南自贸试验区岳阳片区等开放平台，促进对接"一带一路"，扩大对外开放新空间和拓展力，打造内陆临港经济示范区和通江达海的开放引领区。依托石油化工、先进装备等优势产业基础，加强产业链建设，提升产业层级，构建长江百里绿色经济发展走廊。

支持衡阳发挥老工业基地和交通枢纽优势，当好承接产业转移"领头雁"，加快形成工业品"大湾区研发、衡阳生产分拨"和农产品"衡阳加工集散、大湾区消费"的产业协同格局，做大做强先进装备、特色材料、轻工消费品、数字经济等主导产业，推进传统产业链和新兴产业链建链补链延链强链，建设现代产业强市。

打造三大高铁经济带

依托京广高铁，推动沿线城市的人员流动、产业集聚、要素共享、功能整合和市场融通，打造以先进制造业为主的高端产业走廊、联通长江经济带与粤港澳大湾区的国际投资贸易走廊、以人流物流消费流为特点的现代服务业示范带。

依托沪昆高铁，密切与长三角的经济联系和往来，增强西联贵州、云南的重要旅游通道功能，建设促进东中西部经济循环畅通的大通道，更好带动湘中和大湘西地区开放发展，打造东西向高效经济走廊。

加快推进渝长厦高铁建设，深入挖掘和整合沿线文化、旅游、农业、生物、生态等资源，全面激发益阳、常德、张家界、湘西等沿线市州的经济活力和发展潜力，打造东接海上丝绸之路、西联成渝地区双城经济圈、南通粤港澳大湾区的新高铁经济带。

全域联动协同发展

增强长株潭辐射带动能力，加快"3+5"环长株潭城市群联动发展，推动形成长岳、长益常、长韶娄等经济走廊，形成经济上紧密联系、功能上分工合作的城市聚合体。以长株潭一体化为核心引领，发挥岳阳、衡阳两大省域副中心和常德等区域中心城市辐射带动作用，依托京广、沪昆、渝长厦、张吉怀四大通道，推动长株潭、湘南湘西、洞庭湖、湘赣边等区域板块深层次合作，促进区域间优势互补、协同发展，加快构建开放型经济新体系，更好地融入和服务新发展格局，实现全域联动协调发展。

"等闲识得东风面，万紫千红总是春。"我们要着力解决发展不平衡不充分问题，深入挖掘区域发展潜力，形成扬长避短、竞相发展的生动局面，促进"一核两副三带四区"优势互补、融合发展，增强区域发展整体实力。

谈文胜　湖南省人民政府发展研究中心党组书记、主任

着力点

产业高质量发展如何找到突破口？

　　湖南是靠实体经济起家的，也要靠实体经济走向未来。这些年，湖南以产业链思维布局产业，积累了较大规模的市场，形成了较为完整的产业体系，但以制造业为代表的实体经济依然面临"脱实向虚"的挑战。要加快构建实体经济与虚拟经济互为支撑、充分融合的体制机制，增强实体经济的内生动力和发展活力，要以提高实体经济供给质量为目标，构建以实为主、虚实共生的现代产业体系；要以促进制造业提质增效为主线，构建创新驱动、协调平衡的现代产业体系；要以拓展区域产业发展新空间为契机，构建双向开放、互融互通的现代产业体系。

讲故事

汪红卫 摄 湖南图片库

2000 亿元！
湖南企业营收创历史新高！

  2021年，湖南华菱钢铁集团有限责任公司（简称华菱集团）全年营收首破 2000 亿元，再次刷新纪录，也刻下了湖南企业营收规模的新高度。

  近年来，华菱集团实施"高端＋差异化"战略，强调精益生产理念和发扬工匠精神，准确把握市场需求变化，构建产学研用高度融合的协同创新体系，持续推进产品升级换代，推进"华菱制造"迈向产业链、价值链中高端。

立足中部找差距

湖南产业体系具有鲜明的工业化中后期特征，主要表现为第一产业趋于稳定，第二产业从总量扩充转向质量提升，第三产业成为经济增长的主要驱动力。

产业发展增速稳中有进，要高度重视"去工业化"倾向。从产业增长率来看，2020年，湖南实现地区生产总值4.18万亿元，居中部第三，低于河南（5.5万亿元）、湖北（4.31万亿元）。从第一产业来看，中部地区是我国重要的粮食供应基地，中部六省都是农业大省，湖南、河南、湖北、江西的第一产业占比在10%左右，安徽、山西分别为8%、5%，占比相对偏低。从第二产业来看，2020年，湖南实现第二产业增加值1.59万亿元，居中部第三，低于河南（2.29万亿元）、湖北（1.7万亿元）。湖南拥有消费品、材料、装备制造3个万亿级产业；拥有工程机械、轨道交通装备、电工电器、汽车、冶金、建材、有色、石化、食品、医药、轻工、纺织、电子信息制造业13个千亿级产业，制造业占工业增加值比重超过90%。从第三产业来看，2020年，湖南实现第三产业增加值2.16万亿元，居中部第三，低于河南（2.68万亿元）、湖北（2.23万亿元）。要高度关切湖南产业的"去工业化"问题。湖南工业增加值占地区生产总值的比重下降迅速，与湖南产业现状不符，广东、江苏等省份的GDP总量领先湖南近10年，但其工业占比仍高于湖南。要采取有力措施推进制造业高端化、智能化、绿色化升级，不能放任制造业转向低端服务业。

数字经济在湖南产业结构中的地位愈加凸显，但综合竞争力仍然偏弱。2020年，湖南数字经济总量达1.15万亿元，位居全国第十二位，在中部规模低于湖北、河南；年均增速达13.4%，增速居中部第一、全国第四，远高于同期GDP增速约9.6个百分点；数字经济占GDP比重达27.5%，较2019年提升两个百分点。数字产业化方面，湖南数字产业化增加值规模906亿元，同比增长5.7%，在中部六省中低于湖北、安徽、河南。产业数字化方面，湖南产业数字化增加值规模达10574亿元，同比增长14.1%，在中部六省中低于湖北、河南。同时，湖南数字经济的综合竞争力仍然偏弱，在中国信息通信研究院对各省的数字经济综合竞争力进行的比较中，居全国第十五位，低于湖南GDP在全国的排名，在中部六省中低于湖北、安徽、河南。

财政支出是湖南产业发展的重要保障，要高度重视财源建设问题。从财政收支来看，2020年，湖南财政支出8403亿元，低于河南（10373亿元）、湖北（8439亿元），居中部第三。财政收入3009亿元，低于河南（4169亿元）、安徽（3216亿元），居中部第三。从近年财政收入来看，2011

年至2020年，湖南财政收入在中部六省中的排位逐年下滑。2011年，湖南财政收入低于河南，居中部第二；2013年，被湖北超越，居中部第三；2017年，被安徽超越，居中部第四；2020年，因湖北受新冠肺炎疫情影响较大，湖南暂居中部第三。从中央转移支付来看，湖南是中央转移支付大省。2021年，湖南的中央转移支付为3582亿元，仅次于四川、河南，居全国第三，中部第二。依存度为1.19，低于湖北（受新冠肺炎疫情影响）的1.34，居中部第二。要高度重视财源建设问题。湖南财政收入逐步被中部其他省份赶超，根源在产业结构。一方面，传统税源增长乏力，烟草、汽车、成品油等纳税大户经营效益下滑，新兴税源接续不上，软件服务、电子商务等新的纳税增长点尚未壮大。另一方面，湖南的服务业结构不优，如金融、服务贸易等税收贡献不足，税收贡献率比全国平均水平低近10个百分点。

直接融资渠道相对畅通，但金融业整体体量和贡献度有待进一步提升。从直接融资来看，截至2021年11月24日，湖南共有A股上市公司131家（不含境外上市），低于安徽（149家），居中部第二；总市值2.03万亿元，低于安徽（2.32万亿元），居中部第二；整体市盈率（TTM）中位数为33.9倍，居中部第一。与中部其他五省相比，湖南上市公司在专用设备和通用设备制造领域市值中部第一；农副食品

学典型

长沙智能驾驶研究院
产业园打造行业标杆

　　岳麓高新区长沙智能驾驶研究院产业园占地面积约80亩，总投资约20亿元，拟打造面向全产业链的数字化智能网联汽车研发孵化中心和高度智能化生产车间。项目将在无人矿卡、园区智能驾驶卡车领域实现产品化生产，通过"1+N"的方式，即以1个长沙智能驾驶研究院有限公司为核心、N个产业链配套企业为配套，可产生直接经济效益近100亿元、间接经济贡献近1000亿元，带动智能网联汽车产业链就业2000人以上；孵化智能网联汽车产业链企业10家以上，有效带动当地就业和经济发展，成为智能驾驶网联汽车标杆产业园。

王志伟 摄

加工业上市公司数居中部第一，市值居中部第二（低于河南）；电子制造业上市公司数居中部第二（低于湖北）。从间接融资来看，2020年，湖南本外币存贷款总额为124万亿元，低于河南（166万亿元）、湖北（146万亿元）、安徽（131万亿元），居中部第四。其中，本外币存款68万亿元，本外币贷款56万亿元，分别低于河南、湖北、安徽，均居中部第四。同时，湖南金融业体量偏小。湖南金融业占GDP比重偏低，长期处于全国靠后位置。

产业创新能力大幅提升，要抓好新一轮国家战略性科研平台布局的历史机遇。湖南实施创新引领开放崛起战略成效显著，科研技术水平大幅提升。从创新投入来看，2020年，湖南研究与试验发展（R&D）经费898.7亿元，在中部少于湖北和河南，投入强度由2015年的1.43%提升到2.15%，在中部低于湖北（2.31%）、安徽（2.88%）。提升幅度居中部第一、全国第二，是全国唯一研发投入总量和强度排名同步提升的省份。从创新载体来看，湖南拥有长株潭国家自主创新示范区平台和8个国家级高新区。2019年，湖南国家级高新区生产总值占全省GDP比重为23.01%，低于江西（32.33%）、湖北（31.98%），居中部第三。实缴税费占税收收入比重为20.89%，低于湖北（42.02%）、安徽（30.14%）、江西（24.13%），居中部第四。从高新技术企业数来看，湖南6209家，低于湖北（7686家）、安徽（6547家），居中部第三。从创新平台来看，湖南拥有国家制造业创新中心1家、国家工程技术研究中心14家、国家重点实验室19家，在中部排名靠前。湖南在新一轮的国家战略性科研平台布局上相对落后，尤其落后于安徽。在38项国家大科学装置中，安徽合肥落户8项，湖北武汉落户两项，而湖南目前尚未获批组建国家实验室，未布局建设国家大科学装置，未牵头实施国家大科学工程。

多点突破，闯出高质量

以"科研成果转化"为突破口，强化产业创新驱动能力。健全科技成果转化的导向机制。出台湖南省科技成果转化成绩优异人员专业技术资格评定办法，将本土科技成果转化与职称评定挂钩，把本土成果转化贡献作为重要的评定依据。针对本土科技成果转化优异的人员，可突破限制，创建正副高职称评定的"绿色通道"。健全科技成果转化的激励机制。出台科技成果转化的个人税收财政奖补政策，对于研发人才，或通过技术转让、许可或以科技成果作价投资等方式取得的年度技术成果转化收入，按研发人才上一年度缴纳工资薪金个人所得税以及科技成果转化形成的个人所得税省留成部分最高不超过50%的标准奖励个人。畅通成果转化信息共享机制。定期举办科技成果在湘转化峰会，引入中介服务机构全过程参与对接活动，通过市场机制为成果供需双方在专利服务、成果定价评估、研发费用归集、金融支持等方面提供全方位服务。

以"亩产论英雄"为突破口，提高产业用地使用效率。增强土地管理供应灵活性。在产业功能区全面推广新型产业用地（M0）制度，省级园区先行先试，启动新型产业用地试点。提高存量用地利用效率，加速引进新业态、新产业，提高园区亩均产出水平。加快要素配套改革，推行"周转用地+标准地+弹性供地"政策，对于不宜成片开发的地块，根据土地性质和土地用途灵活点状供应。促进园区土地盘活利用。加快闲置低效工业用地市场化退出，鼓励空间一体化开发、土地二次开发，提高园区用地开发利用强度。同时，进一步优化园区综合评价办法和评价指标体系，强化结果运用，"以亩产论英雄"，将指标留给产业前景好、环境影响小、税收贡献大的项目，推动园区高质量发展。"因园制宜"选择土地开发模式。对于明确产业属性和功能的核心区域，按照"土地一级开发+基础设施建设+土地大招商"模式开发土地，采用以片区综合开发为主的开发模式。对于产业配套区域，引进成熟产业地产服务商，按照"出资拿地+开发建设+载体租售+运营服务"模式开发土地。对于土地功能暂时无法确定的土地，探索"灰地开发"模式，实现土地资源的高效利用与弹性控制。

以"一件事一次办"为突破口，优化产业营商环境。深化改革，擦亮"一件事一次办"品牌。持续拓展服务领域，收集企业群众普遍关注、反映强烈、反复出现的问题，梳理改造后纳入"一件事一次办"清单，创新推出更多套餐式、情景式、主题式集成服务。加快推进跨域办理、跨层办理、全省通办，探索跨省办理。争取将"一件事一次办"标准规范体系、"政府网站集约化管理"标准规范体系上升为国家标准。转变政府职能，深度推进放权赋权。在全面评估当前行政审批事项的基础上，彻底取消非行政许可的政府审批事项，尽可能少地保留必要的审批事项。持续推动审批权力下放，最大限度地向区县（市）、园区放权，尤其是要推动园区投资项目、工程建设等领域关联事项整合和全链条下放。打破信息壁垒，促进数据共享应用。强力推动《湖南省政务信息资源共享管理办法》落地落实。借鉴贵州经验，立法明确人口信息、法人单位信息等基础数据，通过政府数据共享平台在部门间进行无条件共享，依权限使用。

以"工业互联网"为突破口，推动产业数字化转型。创建国家级工业互联网示范区。以国家深入实施"5G+工业互联网"512工程为契机，打造一批"5G+工业互联网"内网建设改造标杆、样板工程，形成一批典型工业应用场景，形成可持续、可复制、可推广的创新模式和发展路径，全力创建国家级工业互联网示范区。推动工业App向工业互联网平台汇聚。鼓励软件企业与工业企业合作开发，培育一批基础共性工业App、行业通用工业App及企业专用工业App。通过工业互联网推动行业融合发展。支持工业设备上云上平台和工业企业业务系统云化改造，制定完善数字化管理、个性化定制、网络化协同、智能化生产、服务化延伸等平台应用实施指南，促进工业互联网平台在垂直行业和重点区域的规模化应用和迭代创新。推动产业集群数字化，支持工业特色小镇运用工业互联网加快转型升级。

展望新征程，湖南要以实体经济为立足之本，提高经济质量效益和核心竞争力；以改革创新为根本动力，推动经济体系优化升级；以数字经济为重要引领，培育壮大新兴产业，为构建高质量发展的现代产业体系继续奋勇前行。

侯喜保 湖南省人民政府发展研究中心党组成员、副主任

着力点

实施强省会战略，
湖南凭什么、怎么做？

主峰磅礴则群山巍峨。省会强则全省强，省会兴则全省兴。湖南省第十二次党代会提出"实施强省会战略"，是全面落实"三高四新"战略定位和使命任务的重要抓手，是推进全省高质量发展的破题之举，也是新时代赋予长沙的发展机遇与责任担当。面对各省新一轮的区域竞争，长沙要锚定与最优者"对标"、与最强者"比拼"、与最快者"赛跑"的决心，进一步扛牢省会责任担当，奋力实现在全国争先进位的目标。

实施强省会战略，湖南凭什么？

在比较中才知道长处与短板，才能找准定位。我们选取长沙、成都、武汉、郑州、西安、合肥6个中西部地区首位度较高的省会城市，从经济规模、交通区位、共富共享、创新要素、人才要素等维度综合比较，梳理湖南实施强省会战略的基础条件优势。

凭厚积薄发的长沙经济增长强势能。经济增长是强省会战略的基石，强劲的发展动力让资源集聚，形成核心增长极，进而对全省经济形成辐射支撑。从总量来看，2020年，长沙实现地区生产总值12142.52亿元，比上年增长4%，高出全国1.7个百分点。GDP总量居中部第3，仅次于成都、武汉两个副省级省会城市。从人均GDP来看，长沙在中部乃至全国都是位居前列。从增速来看，2001—2020年，长沙相继赶超郑州、福州、石家庄等省会城市，以及副省级城市西安、长春、济南、沈阳等，全国排名上升12位，变动幅度居全国前列。

凭宜居宜业的长沙幸福生活新名片。省会是公共资源的集中地，其通过优质的生活服务、营商环境和生态环境，吸引人口和产业集聚，形成以人为主导、生产生活生态良性互动的聚落空间。房价洼地造就最具幸福感城市。长沙的住房价格、房价收入比具有较强竞争力。2020年，长沙平均房价

列数据

以项目建设作为稳定经济运行的"压舱石"

2021年——

长沙共铺排重大项目 1575 个

总投资 17604 亿元

年度预计投资 3916 亿元

1—12 月累计完成投资 5004.5 亿元

占年度计划的 127.8%

全市共计开工项目 722 个

累计 291 个项目较计划开工时间提前开工

项目建设超额完成和提前开工

都彰显了省会担当、省会作为和省会风采

9107元/平方米，不仅在六市中最低，在全国所有一、二线城市中都具有较强吸引力。2019年，长沙房价收入比为6.4，是全国纳入统计的50个大中城市中唯一低于7的城市。从房价涨幅看，根据中指研究院数据，2010—2021年5月，长沙新房均价年均涨幅9.4%，分别低于郑州、武汉的11.4%、10.7%。优势教育资源丰富。长沙的基础教育（幼儿园、小学、中学）学前教育毛入园率、义务教育毛入学率、高中阶段教育毛入学率、高等教育毛入学率等指标与北京、上海基本持平。特别是高中学校资源全国领先，四大名校皆有百年历史，常年位列清华北大录取前20榜单，在全国五大学科竞赛中成绩名列前茅。

凭内通外联的长沙"双循环"节点功能区位。长沙地处"一带一部"核心位置，既是内陆通向两广、东部沿海、西南地区的枢纽，又是长江经济带和华南经济圈的结合部，区位价值逐步显现。2021年2月出台的《国家综合立体交通网规划纲要》，明确了6条主轴、7条走廊、8条通道的综合立体交通网主骨架布局。长沙位于沪昆横轴和京广纵轴的十字交叉处，发挥着联南接北、承东启西的重要作用，连接一条主轴（京津冀—粤港澳主轴）、一条走廊（沪昆走廊）、两条通道（湘桂通道、厦蓉通道），拥有比肩武汉、郑州的通达能力。从航空来看，中部地区航空枢纽竞争呈"三强争霸"局势，长沙黄花机场、武汉天河机场、郑州新郑机场竞争激烈。三大吞吐指标上，长沙旅客吞吐量2016年全国排名第13，2019年全国排名第15；货邮吞吐量保持较快增长，从2016年的全国排名第21跃升至2019年的第18。

凭跻身全国前列的长沙创新创业实力。科技部和中国科学技术信息研究所公布的《国家创新型城市创新能力评价报告2020》显示，长沙连续两年全国排名第8，六市中排名第4。从投入强度来看，长沙研究与试验发展经费从2015年的172.75亿元增长到2020年的316.2亿元，经费占GDP比重从2015年的2.03%增长到2020年的2.73%，经费总额排在六市中排第6，研究与试验发展经费占GDP比重在六市中排名第4。

凭加速集聚的长沙城市人口规模。根据第七次全国人口普查数据，截至2020年11月1日零时，长沙常住人口1004.79万，在六市中排名第5（高于安徽），在全国省会城市中排名第8、全国城市中排名第17。特别值得关注的是，长沙人口增加的潜力较大。长沙在全省的人口首位度为15.12%，在六市中排名第3，远低于西安（32.77%）、成都（25.02%）、武汉（21.34%），以20%为参考基准，还有约320万人的增长空间。再者，粤港澳大湾区生活有近400万湖南籍流动人口（据

《中国流动人口发展报告2018》），长沙作为回湘发展首落地，若以20%估算，还有约80万回流人口空间。

实施强省会战略，湖南怎么做？

实施强省会战略符合湖南当前实际，做强长沙核心增长极，湖南要在五个方面加快推进。

拓展"一个体量"。扩大城区面积和人口规模是强省会的必由之路。要加快推进长沙县撤县设区，以县改区为突破口支撑长沙"东拓"战略。加快创新湘江新区托管九华、湘阴片区，在规划、产业、交通等方面与长沙市实现深度融合，条件成熟时进行行政区划调整。重点建设浏阳、宁乡城区，有序有效地引导新入户人口向浏阳、宁乡等地集聚，支撑长沙"一体两翼"空间布局，远期探索通过行政区划调整实现浏阳、宁乡两地市改区。

做强"两条走廊"。一是建设湘江西岸创新走廊。长沙建设强省会的最大动能在科技创新，湘江西岸集中了全省最优质的创新资源，具备打造创新走廊基础。长沙、株洲、湘潭要合力打造"湘江西岸创新走廊"，将其打造成为具有重要影响力的国家区域科技创新中心。通过打造综合性国家科学中心、国家技术创新中心、国家科技成果转移转化示范区、新经济应用场景新城等重大举措，推动

学典型

国内首个大飞机地面动力学试验平台关键工程启动

2021年11月12日,中国商飞长沙航空产业及研发基地项目滑轨工程"首联浇筑"仪式在长沙金霞经开区举行。该项目是继美国NASA、欧洲空客TERATYRE试验基地后国际领先、国内唯一的大飞机地面动力学试验平台,不但致力于解决关键核心技术领域"卡脖子"问题,更将为湖南打造航空动力世界级先进制造业集群注入强劲动力。

红网供图

长沙和长株潭都市圈成为全国创新策源地。二是建设湘江东岸制造业走廊。依托黄花国际机场、长沙南站、渝长厦高铁、京港澳高速等重大交通基础设施，以湖南自贸试验区长沙片区建设为契机，通过产业链供应链配套、飞地经济等多种形式，联动金霞经开区、长沙经开区、雨花经开区，带动株洲经开区、田心高科园、荷塘工业集中区、董家塅高科园、醴陵经开区等区域，共同打造工程机械、轨道交通装备、中小航空发动机及航空航天装备三大世界级产业集群以及新材料等战略性新兴产业集群，加快形成产业链区域大循环，以开放辐射带动全省先进制造业发展。

建设"三个中心"。一是建设全国教育医疗示范中心。教育示范方面：提升基本公共教育服务质量，提高公办幼儿园占比，统筹推进城乡义务教育标准"五统一"，实施高中扩容提质计划。完善学生培养教育体系，建设全国基础教育国家级优秀教学成果推广应用示范区和全国青少年校园足球改革试验区。推进教育改革先行先试，建设全国智慧教育示范区。医疗示范方面：加强医疗服务体系建设，继续加大医疗卫生机构重大项目建设力度，推进医联体和分级诊疗，重点突出打造中医药特色优势。依托长沙市政务云，推进区域智慧医疗体系建设。二是建设全国特色金融中心。要立足自身优势和自身特点，着力形成绿色金融、文化金融、科技金融、开放金融四大特色金融品牌，建成国家级气候投融资试点城市、马栏山中国V链数字资产交易中心、岳麓山国家大学科技城科技金融改革示范区、中非跨境人民币中心。三是建设中部新型消费中心。发挥本土资源优势，引导新消费企业集聚发展形成"一山一阁一洲三街"（马栏山、杜甫江阁、橘子洲、太平街、下碧湘街和洋湖水街）的新消费空间格局。引进培育消费供给主体，引进培育品牌首店和网红门店，支持网红品牌做大做强，持续打响长沙"网红城市"品牌。将五一商圈改造成为具有国际影响力的核心商业中心，创建国家级夜间文化和旅游消费集聚区。

打造"四大枢纽"。围绕国家综合交通物流枢纽建设，积极建设交通强国示范城市，打造公路枢纽、铁路枢纽、空运枢纽和航运枢纽四大枢纽。增强物流枢纽能级，建设陆港型、空港型、生产服务型、商贸服务型国家物流枢纽；建设辐射十向的高铁枢纽，打造"米"字形高铁网络；建设中部国际航空门户，打造"四小时国际航空经济圈"，积极争取"第五航权"，推动新开长沙至非洲的全货运直航航线；做强做大中欧班列（长沙），形成"通道+产业+网络+枢纽"的国际铁路港；高标准建设湘江虞公港，借助湘阴虞公港纳入湘江新区契机，建设5000吨优良港口设施，推动"五纵三横三轨一港"立体交通体系纳入省级规划，依托港口建设先进装备制造（新能源）特色产业园，将长沙打造为临长江城市，将湘江水运资源转化为湖南大开放的优势。

形成"多点支撑"。发挥长沙在营商环境、生态环境、生活环境、文化环境等方面的竞争力，以宜居为重要突破口，打造更加宜居宜业宜游的最具幸福感城市，以此带动产业、人口规模和能级提升。通过打造"24小时不打烊的数字政府"，构建广覆盖、多渠道、个性化的智慧公共服务体系，提升营商环境竞争力；通过打造生态环境优美的"山水洲城"，构建"一江六河、东西两屏、南心北垸、一环多廊"的生态格局，建设公园里的长沙，提升生态环境竞争力；通过构建"更具品质"的居住环境体系、"劳有厚得"的就业服务保障体系、"学有优教"的高质量教育体系、"民有所依"的社会保障体系、"病有良医"的医疗卫生服务体系、"善育颐养"的抚幼养老服务体系，提升生活环境竞争力；通过打造红色长沙、网红长沙、动漫长沙等"超级IP"，树立"世界媒体艺术之都""东亚文化之都"等一批文化名片，强化文化环境竞争力，形成"多点支撑"的优势环境集成格局。

进入新发展阶段，城市发展不仅要看"现在有什么"，更要看"将来靠什么"。今日之长沙，迎来了国家战略的多重叠加，站在了数字经济的时代风口，具备了跨越赶超的坚实基础。湖南实施强省会战略的提出，更是长沙未来发展的重大利好。

左　宏　湖南省人民政府发展研究中心产业经济研究部部长
言　彦　湖南省人民政府发展研究中心产业经济研究部一级主任科员
刘茂松　湖南师范大学教授、博导

着力点

如何抓实"五好"园区建设?

经济要强,产业必强;产业要强,园区必强。一个地方经济的发展离不开产业园区的有力支撑。园区就是经济社会发展的一个个大磁场、大熔炉、大引擎,有着非同一般的凝聚力、孵化力、锻造力、辐射力。园区的发展形势好不好,很大程度上决定着一座城市的竞争力强不强;园区的发展质量高不高,直接体现出一个地方的创新引领力度大不大、实体经济这一"压舱石"稳不稳。做大、做优、做强产业园区,是湖南当前一项十分紧迫的任务。

为什么要创建"五好"园区？

近年来，湖南园区建设进入健康发展的快车道，产业项目加速推进，质量效益不断改善，主要经济指标大幅度增长。园区发展势头普遍看好，空间布局逐步改善，强调专业化、产业链招商和市场化运作，注重平台支撑和品牌塑造，强调精明增长和差异化发展，对外开放水平不断提高。长株潭国家自主创新示范区、岳麓山国家大学科技城、马栏山视频文创产业园、长沙高新区、长沙经开区、株洲高新区、湘潭经开区获得长足发展，一系列特大型产业集群逐渐形成，相继建成一批国家工程研究中心、国家企业技术中心、国家双创示范基地。

然而，湖南园区发展也面临一系列现实问题。一是园区总体水平还比较低。湖南综合实力强、经济效益好的特大型园区并不多，与广东、江苏、浙江、山东等先进省份相比差距明显。二是园区产业配套缺口较多。国际贸易摩擦和海外新冠肺炎疫情对湖南园区供应链产生诸多不利影响，在汽车、工程机械、电子、医药等领域相对突出。三是进出口形势严峻。受国际形势的不利影响，湖南园区外贸形势严峻，一部分外向型企业出口困难，产值、利税、外贸额明显下降。四是园区企业融资困难。中小微企业融资难融资贵，严重制约企业自身发展。银行信贷门槛高，入驻标准化厂房的企业很难得到贷款支持。五是发展空间受到限制。开发区产业用地严重不足，许多优质企业难以获取扩容空间。湘潭高新区、长沙经开区、郴州经开区、衡阳经开区、永州经开区这方面的问题相对突出。

因此，推进全省"五好"园区建设，具有重要的现实意义。一是能够优化园区层级结构，推动国家级高新区、经开区和保税区率先发展。二是能够优化园区产业结构，突出园区主导产业和支柱产业，避免低水平的重复建设。三是打造高效益的产业链和产业集群，有利于园区提质扩容、集聚发展和园区之间的功能互补。四是有利于产城融合，新型工业化与新型城镇化相互促进。五是园区发展以绿色、低碳、循环为主线，有利于园区生态型构建和可持续发展。

建设怎样的"五好"园区？

目前，基于百年未有之大变局，中国外经贸面临空前困难，立足国内大循环，国内国际双循环相互促进的发展格局基本形成。新基建成为国家战略，科技创新成为园区发展的核心动力。碳达峰、碳中和作为国家发展基本要求，园区要走绿色低碳循环发展之路。

列数据

湖南园区向前冲

1 现有21个国家级园区、122个省级园区，以占全省约1/200的土地面积贡献了全省约40%的GDP、70%的规模工业增加值和65%的高新技术产值，实际利用外资额占全省一半以上。

2 2020年，全省园区完成生产总值1.46万亿元，实现技工贸收入逾5万亿元。

3 2021年5月，湖南提出创建"五好"园区，即规划定位好、创新平台好、产业项目好、体制机制好、发展形象好。

4 制定"1+3"政策体系：

"1"就是《关于创建"五好"园区推动新发展阶段园区高质量发展的指导意见》；

"3"就是3个配套文件，即《关于创建"五好"园区推动新发展阶段园区高质量发展的若干政策》《湖南省省级及以上产业园区评价办法》和《"十四五"产业园区发展规划》。

中部地区和长江经济带加速崛起，长江中游城市群成为新兴的增长极。根据湖南规划目标，到2025年，湖南园区技工贸总收入要达到10万亿元，打造3家五千亿级园区、20家千亿级园区。园区可持续发展能力显著增强，节能减排、循环经济发展取得新的成效。到2035年，形成优势互补、利益共享、绿色低碳、各具特色高质量协调发展的园区体系。

在这样的背景下，新时代湖南园区建设的基本思路，一是以创建"五好"园区为导向，努力将园区建设成全省高质量发展的样板区、国家重要先进制造业高地的引领区、具有核心竞争力科技创新高地的示范区、内陆改革开放高地的先行区，全力打造成为全面推进现代化新湖南建设的重要引擎。二是高起点规划定位，引领高质量发展，加快各类科技创新资源、要素整合，引进拥有核心研发能力的企业，不断提升园区产业链水平。增强优势，突出特色，重点培育工程机械、轨道交通装备、中小航空发动机及航空航天装备三大世界级产业集群和电子信息、新材料、新能源与节能三大国家级产业集群。三是差异化发展，既要"大而强"，也要"专而精"。将长株潭建设成我国中部的先进制造业高地、科技创新高地和对外开放高地，成为长江中游地区强大的增长极。支持洞庭湖区、湘南、大湘西园区扬长避短，推进集聚，优势优先，特色发展，尽快做大做强一大批省级先进制造业集群。

此外，根据湖南"十四五"规划，基于"一核两副三带四区"格局，对湖南园区发展定位进行提升，优化空间布局，促进生产、生活、生态"三生融合"，推进规划形态、园区业态、产业生态"三态协同"。全省园区布局要以长株潭为核心，以岳阳、常德为副中心，以京广线、沪昆线、渝长厦线为主轴，形成主次分明、特色彰显、集聚效益显著、开放功能突出的点轴空间体系。

长株潭园区建设，基于三市一体化融合背景，以长株潭国家自主创新示范区和湘江新区为主要平台，以长沙高新区、长沙经开区、株洲高新区、湘潭经开区为重要载体，充分发挥金融、科技、人才、物流等平台的支撑作用，坚持金融、科技、产业、城建紧密结合、集中力量共同创建世界级产业集群。湘江新区作为长株潭乃至湖南重要的经济引擎，搭建高水平的发展平台，集聚各种资源要素和创新功能。重点建设好长沙高新区（智能制造、电子信息）、长沙经开区（工程机械、汽车及零部件）、株洲高新区（轨道交通、新能源汽车）、湘潭经开区（智能汽车）；次重点建设好望城经开区（新材料、食品医药）、浏阳经开区（电子信息、生物医药）、宁乡经开区（智能家电、新材料）、湘潭高新区（智能装备、新材料）。将马栏山视频文创产业园建设成

学典型

长株潭国家自主创新示范区

长株潭国家自主创新示范区坚持"创新驱动引领区、科技体制改革先行区、军民融合创新示范区、中西部地区发展新的增长极"的战略定位，按照"创新驱动、体制突破、以人为本、区域协同"的发展思路和"核心先行、辐射带动、全面提升"的"三步走"路径，努力把示范区建设成为具有全球影响力的创新创业之都。

2015—2020年，示范区竞相涌现了全球最长臂架泵车、全球最大吨位内爬式动臂塔机、"海牛号"深海海底多用途钻机系统、"鲲龙500"深海多金属结核采矿车、溢流法高铝硅盖板玻璃、高性能钨基复合材料等一系列重大创新成果，彰显了创新中国的湖南力量。

我国中部和长江中游地区文化产业标志性工程。

洞庭湖区园区建设，充分依托长江航道和交通干线，发展大进大出型产业和农产品深加工。重点建设好岳阳城陵矶综合保税区（电子信息、农副产品加工）、益阳高新区（装备制造、电子信息）、常德高新区（智能装备）；次重点建设好岳阳经开区（先进制造、生物医药）、常德经开区（智能装备、食品医药）。借助岳阳城陵矶综合保税区、岳阳经开区的提质改造，推动岳阳创建高品质的省域副中心城市。

湘南园区建设，需要全面对接粤港澳大湾区，积极承接华南沿海的产业转移，突出外向型加工制造职能。重点建设好衡阳高新区（电子信息）、郴州高新区（电子信息、装备制造）；次重点建设好衡阳松木经开区（精细化工）、永州经开区（装备制造、生物医药）、郴州经开区（电子信息、新材料）。依托园区平台，抓紧培育衡阳的智能制造和电子信息产业，壮大郴州的外贸出口职能。

大湘西园区建设基于乡村振兴、绿色发展背景，强调生态优先，突出低碳特色，形成特色优势产业集聚区。重点建设好邵阳经开区（装备制造、轻工）、娄底经开区（精品钢材、装备制造）、怀化高新区（新材料、电子信息）；次重点建设好邵东经开区（特色轻工、装备制造）、冷水江经开区（钢铁新材）、怀化经开区（现代服务、文化旅游）、吉首经开区（电子信息、装配式建筑）、张家界高新区（绿色食品、生物医药）。强化怀化的交通物流枢纽职能，提升邵阳的先进制造业基地水平，改善娄底的城市和园区的经济结构。

如何建设"五好"园区？

建立健全园区评价制度。结合湖南园区发展，本着择优汰劣的思路，设置"五好"园区评价指标体系，每年进行评比排名，形成长效评价机制。从规划定位、创新平台、产业项目、体制机制、发展形象五个方面对园区进行综合评价。园区经济评价指标以"亩产论英雄"为导向，突出发展质量和园区效益。对被评为先进的园区，在建设用地、资金扶持、招商推介等方面优先支持。达不到要求的园区给予黄牌警告，责成限期整改，达不到整改要求的可摘牌取缔。

加强园区政策扶持。结合湖南"五好"园区建设，从土地、资金、金融、科技、人才等方面予以支持，重点提升园区发展质量和综合效益。加强空间规划保障，支持园区依法调区扩区。加大对产业集群和优势企业的扶持力度，鼓励供应链产业链招商、第三方招商。创新园区金融服务模式，降低企业融资门槛，优先培育园区企业上市。加大对国家和省级创新平台的支持力度。建立园区营商环境评价机制，以需求为导向为园区放权赋能。积极创建园区发展平台，重点建设好科技孵化器平台、特色双创平台、工业互联网平台、公共服务平台、金融服务平台、人才服务平台、现代物流平台。加强园区人才支撑，采取特殊的人才政策，在薪酬、住房、创业、技能业务培训、子女就读、配偶就业等方面给予大力支持。构建以绩效为中心、多元化的分配体制，实施激励性的收入分配制度。

支持园区绿色低碳循环化发展。落实中央碳达峰、碳中和的要求，积极创建绿色低碳园区。构建绿色制造体系，提升园区循环化水平，积极创建绿色企业和绿色园区。对全省园区进行低碳化改造，严守园区安全底线，抓紧淘汰能耗高、污染重、未达标的落后企业。在长沙、湘潭、株洲等地园区，率先推广园区的绿色低碳化改造。对于以矿产品、原材料、化工、建材为支柱产业的开发区，如永州、湘西、衡阳等地园区，设置较高的能耗和排放门槛，督促其技术改造和转型升级，达不到国家能耗和环保要求的，下决心淘汰出局。

提升园区规划水平。高标准编制园区发展规划，科学确定主导产业、支柱产业、产业链和产业集群，优化空间布局，推进规划形态、园区业态、产业生态"三态协同"发展,实行多规合一。对园区定位进行整体提升。以创新驱动、强链补链增强园区发展的动力。推动园区产业高端化、智能化、绿色化、融合化发展,加快传统产业改造提升、新兴产业延伸配套、未来产业抢先布局。国家级园区注重"大而强",省级园区强调"专而精",地方园区突出特色,扬长避短,优势优先。促进产城融合发展,重点搞好园区和城市的基础设施、公共服务、产业发展、生态环境保护一体化建设,以产兴城,以城促产,产城相融。

支持园区优化整合和新型产业建设。湖南省级园区较多,不少园区产业结构雷同,可考虑适度整合或调整定位,避免低水平的重复建设。经过调区扩区和优化整合,将全省143个园区调整为100个左右。"十四五"期间,争取在湘西州、张家界、邵阳、永州设立国家级园区,以实现国家级园区市州全覆盖,并作为区域经济发展的龙头。同时,建议对新基建项目、大数据、工业互联网领域数字化、网络化、智能化转型等新型产业项目予以政策和资金方面的支持,在空间布局上适当向欠发达地区倾斜,并支持部分园区特色产业集群的建设。

中流击水,奋楫者先。我们要进一步坚持质量第一、创新为要、效益优先、绿色发展、突出特色、优化环境,在"闯"字上下功夫,在"新"字上求实效,为推动园区高质量发展汇聚源源不断的磅礴之力。

朱　翔　湖南省人民政府参事室特约研究员
贺清云　唐生誉
　　　　　　　　湖南省人民政府参事
吕焕斌　钟瀚德
张志初　湖南省人民政府参事室特约研究员

着力点

如何以县域经济高质量发展带动乡村振兴?

高质量发展基础在县域,潜力在县域,优势在县域。近年来,湖南各县区潜心研究强县富民、改革发展、城乡贯通的思路举措,构建起了各具特色、竞相发展的县域经济新格局。县域是乡村的重要阵地,县城是县域经济发展的重要空间载体。随着全面乡村振兴的兴起,在构建以国内大循环为主、国内国际双循环相互促进的新发展格局背景下,县域的功能定位要重新审视。今后要继续大力发展县域经济,一县一策谋发展,量力而行建园区,创新思路抓产业,加快推进县域经济高质量发展。

挑战：被相对弱化的县域经济

湖南具有广阔的县域面积和众多的县域人口，但县域经济底子薄，抓手少；发展任务重，难度大。从总体上看，县域经济是制约湖南发展的一大突出短板。从全国县域经济竞争力来看，根据中郡县域经济研究所《2021县域经济与县域发展监测评价报告》，湖南在中国县域经济百强县中仅占4席，比江苏省少20席，比浙江省少19席。从内部结构来看，湖南县域经济发展不均衡，长株潭都市圈板块和洞庭湖生态经济区板块县域经济发展相对好一些，湘西和湘中南地区县域经济板块发展相对偏弱。从发展动能来看，湖南县域经济增长乏力，县域范围内消费潜力释放不足，拉动经济增长的动力不够。本来，县域经济拥有完整的市场体系，涵盖生产、流通、消费、分配等各个环节，具备畅通国内大循环的产业基础，因此推动县域经济高质量发展，将有助于扩大回旋空间、增强应对底气，推动共同富裕取得更为明显的实质性进展。但是，在工业化推动和以发展大城市为主的战略推进中，湖南县域经济被相对地弱化、淡化和边缘化。目前，湖南和广大中西部地区一样，县域经济发展遇到五个方面的挑战。

人口深度老龄化削弱了县域要素优势。本来，充足而相对低廉的劳动力资源曾是县域参与区域竞争的核心优势之一，

列数据

全国县域经济基本竞争力排序（共195名）

第5名	第10名	第18名	第59名
长沙县	浏阳市	宁乡市	醴陵市

第135名	第159名	第191名	第194名
湘潭县	邵东市	湘阴县	湘乡市

全国县域经济百强县

长沙县、浏阳市分列第5名、第10名

《2021县域经济与县域发展监测评价报告》

长沙县

在全国县域经济基本竞争力榜单稳居第5名的同时

在全国县域经济与县域综合发展前100名榜单上再进一位

首次跻身前三甲，综合实力稳居中西部榜首位置

但长期以来流向城市的劳动人口以青壮年为主，加之各类"抢人大战"，适龄劳动人口大量外流，县域人口年龄结构愈加失衡和弱化。县域人口的深度老龄化将加重县域的人力资源成本和用工难度，持续扩大县域人力资源的结构性短缺。

产业基础薄弱制约县域经济转型升级。湖南县域经济发展面临的一个突出问题是，工业增长乏力和农业产业化不足。湖南县域工业多处在服务本地的原料及来料加工业等低附加值环节，企业普遍体量较小、抗风险能力弱，依靠企业自主的技术改造和产业升级难度大。

县域基础设施和公共服务建设滞后。在财政实力不足、融资渠道偏窄的情况下，单纯依靠县级财政实现公共设施建设全域覆盖难度较大。大部分县级财政难以满足县域公共设施建设与公共事务支出的资金需求，为了促进发展，县域隐性债务增加，县域整体公共产品依然供给不足。

县域推动城镇化进程面临实现"双碳"目标的逻辑重构。尽管与城市相比，县域更靠近生态空间，在促进生产、生活、生态"三生空间"协调发展和生态价值转化等领域具有后发优势，但在实现"双碳"目标背景下，县域在推进城镇化建设的同时需保障生态环境容量，原有以低要素成本价格和牺牲环境为代价的发展方式已不可持续，生态优先绿色发展理念正在重构县域经济的发展逻辑。

县域历史风貌和文化空间保护乏力。县域拥有众多历史文脉和文化资源，保护责任重大。全国约有一半的世界文化遗产和大遗址以及近八成的历史文化名镇名村和传统村落分布于县域。目前，县域城镇化进程与历史风貌和文化空间保护存在一定矛盾，城镇建设和服务功能培育大都具有"去乡村化"的特征，而历史风貌和县域文化空间的保护又必须强化地域性和地方认同感。一些县为了快速推进"城乡一体化"发展，不惜牺牲县域传统历史风貌，已很难重新找回原来的文化符号。

出路：壮大特色优势产业

县域经济实现高质量发展的核心定位是发挥县域比较优势，培育县域特色优势产业。由于县域经济的产业和技术结构内生地决定于其要素禀赋结构，那么，县域经济实现高质量发展的首要前提就是使其要素禀赋结构升级。资源禀赋分为两类：一是初始资源禀赋，即先天性资源禀赋，包括土地资源、地形地貌、地理区位、气候条件、人口多少及生活工作习惯等；二是中高级资源禀赋，即后天资源禀赋，包括交通、市场、经济区位，社会服务水平与效率、资金资本和人力资本、科技水平，法治、政务、商务环境等。升级其要素禀赋结构也有两个方面：一是发挥初始资源禀赋优势，做大做强特色优势产业或特色优势产品,这被称为"资源依赖型"特色优势产业或产品;二是发挥中高级或后天资源禀赋结构优势,做大做强特色优势产业或产品,这被称为"创新驱动型"特色优势产业或产品。

改革开放以来特别是党的十八大以来,湖南县域经济发展得比较好的,要么是"资源依赖型"特色产业发展得较好,要么是"创新驱动型"特色产业发展得较好,当然,更有将两者结合起来的。一般来看,"资源依赖型"特色县域主要分布在矿产资源比较丰富的地域,"创新驱动型"特色县域一般分布在大城市或特大城市周边地区。总之,那些资源禀赋优势不明显的县域发展都比较缓慢。

乡村振兴核心在产业振兴,产业振兴是县域经济高质量发展的主要支撑。而产业振兴重在打造特色优势。特色产业具有独特的自然资源禀赋、历史文化内涵、产品市场优势等,能够促进县域经济特色化发展,具有较强的市场竞争力和辐射带动力。

打造特色产业,必须立足县情,发挥优势,突出特色,走生态化、高端化、规模化、差异化、品牌化、集群化发展之路。湖南县域多、幅员广,不同县域之间差异性较大,与沿海发达省市相比差距明显;不仅县域间发展不平衡问题突出,县域内特色优势产业发展不充分问题也突出。湖南县域经济整体实力较弱,究其主要原因,与县域产业结构同质化、低端化,特色不特、优势不优,形不成商品规模、达不成产业集群,产业技术含量低、产品附加值低,品质提升不突出、品牌效益不明显有关。推进县域经济高质量发展的根本出路,在于把特色产业作为突破口,着力打造优势明显、布局合理、配套完备的特色产业集群,走"人无我有,人有我优,人优我多,人多我廉"的特色优势发展之路。

考虑到湖南县域经济发展的立地条件、产业基础的差异性与地形地貌、生产习性的相似度,湖南县域经济沿着自我发展的自生秩序与政府引导的创生秩序"双轨并行"之路,分野成长出了四大板块的特色优势产业文章:一是长株潭城市群的县域板块——做足"城"的文章,二是洞庭湖生态经济区县域板块——做好"水"的文章,三是大湘西县域板块——做透"扶贫"的文章,四是泛湘南县域板块——做深"资源"的文章。按照习近平总书记给湖南"一带一部"的战略定位,特色产业开始支撑起潇湘大地的经济发展版图。

正因为如此,2020年12月湖南省人民政府办公厅印发的《关于推动县域经济高质量发展的政策措施》15条措施中,第一条就是"壮大特色优势产业",明确设立县域特色优势产业发展引导基金,组织实施新一轮特色县域经济强县工程,支持引导各县域集中资源重点发展1~2个特色主导产业。

讲故事

朵朵烟花，绚烂世界夜空

"世界上每燃放三朵烟花，就有一朵来自浏阳；中国人每点燃两个花炮，就有一个来自浏阳。"浏阳人无不骄傲于当地花炮历史之久、产业之盛。

《中国实业志》记载："湘省爆竹之制造，始于唐，盛于宋，发源于浏阳也。"

从爆竹声声到烟花朵朵，带着人们的朴素愿望和美好祝福，浏阳花炮从湘东一隅走向世界，从一件手工作坊小物成长为县域经济重要支撑。近年来，浏阳花炮出口总额占全国总量的六成，内销总额占全国总量的一半。2021年1—9月，全市花炮产业集群实现总产值167.6亿元，同比增长近三成。

省制造强省专项资金向县域择优倾斜，重点支持县域开展特色产业集群建设、传统产业改造升级和新兴产业培育。把县域作为打造先进制造业高地、承接产业转移的重要载体，积极引导支持一批产业项目在县域布局，围绕工业新兴优势产业链强化就近配套功能。进一步提升县域产业园区发展质量，加快促进产业集聚。加大工业、农业、文旅等省级特色产业小镇建设支持力度，打造特色产业集聚、城乡融合发展的重要平台。

抓手：新型集体经济

县域特色优势产业的发展需要许多不同的经营主体来承担，但最好的承担主体是新型集体经济组织。因为新型集体经济组织是农村土地的所有者，是乡村振兴的操盘手。2019年3月8日，习近平总书记参加河南代表团审议时就乡村振兴发表重要讲话，指出要发展壮大新型集体经济，要赋予双层经营体制新的内涵。县域经济高质量发展的一个显著特征就是要通过发展壮大新型集体经济带动实现乡村振兴，且通过乡村振兴实现共同富裕。

浙江能成为共同富裕试点省的原因之一就在于浙江省的集体经济发展得好。浙江每个村的集体经济收入每年300万元以上。显然，要实现乡村振兴和共同富裕的目标，集体经济是一个重要的因变量,也是抓好乡村振兴工作的核心抓手。

新型集体经济新在哪儿呢?

新在功能上。一是政治功能。为新型集体经济的首要功能,即农村新型集体经济是社会主义性质的经济,规定着农村经济的社会主义性质与方向,因此,只能加强,不能削弱。二是经济功能。即事关共同富裕与共享改革发展成果的社会主义根本原则的实现。"包干到户"虽然可以充分调动农民的生产积极性,可以解决农民的温饱问题,但难以实现共同富裕,只有发展壮大新型集体经济才能走上共同富裕之路。三是社会功能。新型集体经济是解决贫困问题和实现共同富裕的必由之路,可以在广泛领域内帮助政府实施多项农村社会发展计划。特别是在广大欠发达地区,个体农户独立进入市场的能力较弱,集体经济与个体经济相结合才是实现农村市场化的新模式。四是文化功能。经济基础决定上层建筑,新型集体经济实力是农村精神文明建设的坚强后盾,是活跃农村文化生活的物质基础。五是生态功能。新型集体经济是落实"两山理论",建设美丽家园,实现绿色发展的重大战略举措。

新在领导上。发展壮大新型集体经济带动乡村振兴,必须坚持党的领导,发挥村党支部的核心领导与战斗堡垒作用。为此要选用政治坚定、乐于奉献、敢于担当、敢于创新的人担任村支"两委"干部；探索党员企业家、创业有成人士到村担任党组织书记，鼓励机关和企事业单位优秀年轻干部到村任职。

新在制度上。新型集体经济不是传统的"一大二公"的集体经济，而是有资本的出资本，有土地的出土地，有劳动力的出劳动力，有技术的出技术，所有要素共同参与形成新的合作经济，这种合作经济是所有成员边界清晰、集体产权关系明确的股份合作经济，是个人积极性与集体优越性得到有效结合的新型集体经济。这种集体经济建立在"双重所有制"的"叠加"与"重构"上，是推进乡村振兴的有效制度安排。

新在发展精细农业上。精细农业是一种现代化农业理念，它不仅能适应农业高质量发展的需要，还能处理好农村分户生产与适度规模经营的关系，农业生产链的不同环节或模块，既有适应规模化经营的，也有适应一家一户做精细活儿的。精细农业既讲究合理施肥、降低成本、减少污染，又讲究减少和节约水资源；既讲究节本增效、省工省时，又讲究优质高产，保证农产品的产量和质量。现代精细农业代表了湖南农业现代化和乡村产业振兴的发展方向，也非常适合新型集体经济组织来运营。

县域经济是支撑湖南经济社会高质量发展的重要基石，

要紧扣"乡村振兴战略"主题谋划发展，进一步吸引聚集要素资源，全面提升县域经济的发展活力、承载能力和综合实力，实现差异化、特色化、融合化发展。

吴金明　湖南省政协经济科技委员会主任

06 关键词

法治湖南

平安湖南

> 先读为快

依法治省

依法治省，是湖南全面落实依法治国战略的具体实践。
把一桩桩、一件件人民群众"看得见、摸得着、可参与"的民生实事办好办实，真正办到老百姓心坎上。
全面推进法治湖南建设，要坚持依法治省、依法执政、依法行政共同推进，法治湖南、法治政府、法治社会一体建设。

坚持党的领导

党的领导是中国特色社会主义法治道路之魂，是我国法治同西方资本主义国家法治最大的区别。
在推进全面依法治省过程中，要加强党对全面依法治省的统一领导、统一部署、统筹协调，把党的领导贯彻到全面依法治省全过程和各方面，实现党的领导制度化、法治化，坚持依法治省与依规治党有机统一。

平安湖南

平安湖南建设，是开创"中国之治"的组成部分之一。
全省上下应强化法治思维，从立法、执法、司法、守法各环节发力，完善重大疫情防控体制机制，健全公共卫生应急管理体系。
持续深化平安湖南建设应当以法治作为重要依托，在法治轨道上加强国家安全体系和能力等建设。

民主政治建设

民主与法治密不可分。

民主不是装饰品,不是用来做摆设的,而是要用来解决人民需要解决的问题的。

加强民生实事项目人大代表票决事项的跟踪监督,把一桩桩、一件件人民群众"看得见、摸得着、可参与"的民生实事办好办实,真正办到老百姓心坎上。

我国全过程人民民主是全链条、全方位、全覆盖的民主,是最广泛、最真实、最管用的社会主义民主。

应急管理平台和能力建设

公共安全是国家安全的重要体现,是最基本的民生。

应急管理部门是执法部门,必须"命"字在心、"严"字当头,铁面无私、较真碰硬,切实解决执法"宽松软"的问题。

不断增强应急管理干部队伍"统"的能力、"斗"的能力、"专"的能力、"干"的能力。

着力点

如何打造依法治省样板？

法治是人类文明进步的重要标志，是治国理政的基本方式。进入新发展阶段，无论是完整、准确、全面贯彻新发展理念，推动高质量发展，还是打通经济畅通循环的难点、痛点、堵点问题，加快构建新发展格局，都需要更好发挥法治的引领和规范作用。湖南全面落实"三高四新"战略定位和使命任务，每一个高地的打造、每一项使命的践行，须臾离不开法治的保驾护航。只有密织法律之网、强化法治之力，为全面落实"三高四新"战略定位和使命任务营造稳定、公平、透明、可预期的法治环境，湖南高质量发展之路才会更加行稳致远。

始终坚持党的领导

依法治国,是实现国家治理体系和治理能力现代化的必然要求。依法治省,是湖南全面落实依法治国战略的具体实践。习近平总书记指出,党的领导是推进全面依法治国的根本保证。党的领导是中国特色社会主义法治道路之魂,是我国法治同西方资本主义国家法治最大的区别。在推进全面依法治省过程中,要加强党对全面依法治省的统一领导、统一部署、统筹协调,把党的领导贯彻到全面依法治省全过程和各方面,实现党的领导制度化、法治化,坚持依法治省与依规治党有机统一。为全面推进依法治省,2018年10月经中央批准成立了湖南省委全面依法治省委员会;2019年,中共湖南省委全面依法治省委员会审议通过了《关于全面推进依法治省若干问题的意见》;2021年10月,中共湖南省委印发了《法治湖南建设规划(2021—2025年)》;2021年12月17日,省委常委会审议了《湖南省法治政府建设实施方案(2021—2025年)》。

少数人热衷于炒作"党大还是法大"这个伪命题,其实质是"醉翁之意不在酒",是想把党的领导和法治割裂开来、对立起来,最终达到否定、取消党的领导的目的。对这个问题,我们不能含糊其词、语焉不详,要明确予以回答。习近平总书记指出,我们说不存在"党大还是法大"的问题,

列数据

2021年2月，长沙市望城区白箬铺镇大塘村等 **53** 个村（社区）喜获"全国民主法治示范村（社区）"荣誉称号。

至此，湖南已有"全国民主法治示范村（社区）" **180** 个、"湖南省民主法治示范村（社区）" **1091** 个。

益阳市、资兴市入选第一批全国法治政府建设示范市（县、区），示范项目数量居全国第 **2** 位。

法治政府建设，打造"湖南名片"

是把党作为一个执政整体、就党的执政地位和领导地位而言的，具体到每个党政组织、每个领导干部，就必须服从和遵守宪法法律。有些事情要提交党委把握，但这种把握不是私情插手，不是包庇性的干预，而是一种政治性、程序性、职责性的把握。这个界线一定要划分清楚。

深入推进民主政治建设

民主政治与法治密不可分。习近平总书记指出，民主是全人类的共同价值，是中国共产党和中国人民始终不渝坚持的重要理念。"要始终坚持以人民为中心，坚持法治为了人民、依靠人民、造福人民、保护人民，把体现人民利益、反映人民愿望、维护人民权益、增进人民福祉落实到法治体系建设全过程。"民主不是装饰品，不是用来做摆设的，而是要用来解决人民需要解决的问题的。一个国家民主不民主，关键在于是不是真正做到了人民当家作主，要看人民有没有投票权，更要看人民有没有广泛参与权。党的十八大以来，我们深化对民主政治发展规律的认识，提出了全过程人民民主的重大理念。

人民代表大会制度是实现我国全过程人民民主的重要制度载体。党的十八大以来，全国人大常委会就193件次法律草案向社会征求意见，共收集约110万人次提出300多万条意见建议。特别是在《中华人民共和国民法典》的编纂过程中，全国人大常委会先后10次向社会公开征求意见，共收到42.5万人提出的102万余条意见。湖南省以人民代表大会制度为载体，深入推进民主政治建设。2020年，湖南人大及其常委会共制定修改省本级地方性法规18件，打包修正55件、废止9件，审查批准市州地方性法规36件，批准废止单行条例1件；听取审议专项工作报告21项，开展执法检查5项、专题询问2次，审查规范性文件93件；作出决议决定6项；任免国家机关工作人员90人次，各项工作取得了新成效。同时，我们不断完善人大的民主民意表达平台和载体，健全吸纳民意、汇集民智的工作机制，推进人大协商、立法协商，把各方面社情民意统一于最广大人民根本利益之中。

湖南积极推进民生实事项目人大代表票决制工作有序铺开。2020年，1127个乡镇推行票决制，14个县（市、区）在县级层面开展探索，全省共票决民生实事3001件。加强票决事项的跟踪监督，把一桩桩、一件件人民群众"看得见、摸得着、可参与"的民生实事办好办实，真正办到老百姓心坎上。2021年1月召开的湖南省十三届人大四次会议共接收代表建议1516件，其中经过专题调研提出的代表建议达1088件，占建议总数的71.8%。从建议内容看，代表关注的焦点集中在"三高四新""乡村振兴""高质量发展"，以及人民群众

"急难愁盼"等方面，代表建议数量、质量不断提升。可以说，我国全过程人民民主实现了过程民主和成果民主、程序民主和实质民主、直接民主和间接民主、人民民主和国家意志相统一，是全链条、全方位、全覆盖的民主，是最广泛、最真实、最管用的社会主义民主，人民代表大会制度、多党合作和政治协商制度运行有效，党外知识分子、民营经济人士、民族、宗教、港澳、对台、侨务、外事等工作持续加强，爱国统一战线巩固发展。

全面推进法治湖南建设

习近平总书记指出，全面依法治国是一个系统工程，要整体谋划，更加注重系统性、整体性、协同性。全面推进法治湖南建设，要坚持依法治省、依法执政、依法行政共同推进，法治湖南、法治政府、法治社会一体建设。要积极推动科学立法、严格执法、公正司法、全民守法，有效发挥法治固根本、稳预期、利长远的保障作用。

在科学立法层面，要坚持以人民为中心的立场，加强科技创新、公共卫生、生物安全、生态文明、数字经济、互联网金融、人工智能、大数据、云计算等重点领域和新兴领域的地方立法，及时修改现行地方性立法，积极回应人民群众的新要求新期待，用健全的法律制度保障人民安居乐业。

| 学典型 |

2021年度法治人物·周春梅

周春梅,生前系湖南省高级人民法院审判监督第一庭副庭长、三级高级法官。她严格执行"三个规定",因拒绝说情打招呼,遭到歹徒残害,血染法徽。她用生命捍卫了维护社会公平正义的司法防线,兑现了新时代人民法官对党和人民的铮铮誓言!

2020年，湖南省人大常委会就制定、修改省本级地方性法规共23件；2021年，湖南省人大常委会立法计划紧紧围绕全面落实"三高四新"战略定位和使命任务、湖南"十四五"规划以及2035年远景目标关于立法的需求，优先考虑高质量发展、公共卫生、生态文明、防范风险、民生保障等领域的立法，加大对湖南自贸试验区、先进制造业促进、公共卫生法治建设、乡村振兴等方面一批立法项目的推进力度。

在严格执法层面，要推进严格规范公正文明执法，这是法治政府建设的重中之重。实践中，在环境保护、食品安全、劳动保障等领域，长期存在着执法失之于宽、失之于松的问题。特别是行政执法与刑事司法之间衔接不畅，一些涉嫌犯罪的案件止步于行政执法环节，有案不移、有案难移、以罚代刑的现象比较突出，大大降低了法律的威慑力。法律的生命在于执行，法律的刚性和权威必须牢固树立起来，决不能让法律成为"没有牙齿的老虎"。当然，严格执法并不是暴力执法，要让执法既有力度又有温度。特别令人欣慰的是，益阳市和资兴市入选第一批全国法治政府建设示范市（县、区）。

在公正司法层面，要让人民群众在每一宗司法案件中感受到公平正义。习近平总书记指出："全面依法治国，必须紧紧围绕保障和促进社会公平正义来进行。""公平正义是我们党追求的一个非常崇高的价值，全心全意为人民服务的宗旨决定了我们必须追求公平正义，保护人民权益、伸张正义。"公平正义是司法的灵魂和生命，高素质法治队伍"革命化、正规化、专业化、职业化"是公正司法的关键，司法责任制是司法体制改革的"牛鼻子"。湖南和全国各地一样，正在加快构建权责一致的司法权运行机制，全面落实"让审理者裁判，由裁判者负责""谁办案谁负责，谁决定谁负责"的改革要求。湖南在公正司法方面的杰出代表便是"全国模范法官"、湖南省高级人民法院审判监督第一庭原副庭长周春梅，她用生命诠释了司法公正和法治进步。同时，符合职业特点的司法人员管理制度也在探索实践之中，司法人员分类管理制度正逐步完善，法官、检察官等法治队伍专业职务序列及工资制度将更加健全，基层司法干部工资生活条件将得到进一步改善，以确保建设一支党和人民信得过、靠得住、能放心的政法铁军。与此相适应，全省法律服务行业坚决贯彻习近平总书记指示，"教育引导法律服务工作者坚持正确政治方向，依法依规诚信执业，认真履行社会责任"，推动法治湖南建设。

在全民守法层面，要坚持抓住领导干部这个"关键少数"，加强法治宣传教育，创新普法形式，不断提升全体公民法治意识和法治素养。"法立于上，教弘于下。"法治宣传教育工作要在针对性和实效性上下功夫，要充分运用互联网和融媒体传播平台，加强新媒体新技术在普法中的运用，推进"互联网+法治宣传"行动。要全面落实"谁执法谁普法"的工作机制，建立法官、检察官、行政执法人员、律师等以案释法制度，加强普法讲师团、普法志愿者队伍建设，支持工会、共青团、妇联、法学会等人民团体开展专项普法。

道虽迩，不行不至。奋斗"十四五"、奋进新征程，坚持依法治省、依法执政、依法行政共同推进，法治湖南、法治政府、法治社会一体推进，坚持不懈筑法治之基、行法治之力、积法治之势，建设现代化新湖南的宏伟事业定能枝繁叶茂、结出硕果。

持续深化平安湖南建设

平安湖南建设，是开创"中国之治"的组成部分之一。习近平总书记高度重视平安中国建设，2021年12月15日在北京亲切会见平安中国建设表彰大会代表，并向他们表示热烈祝贺，希望他们再接再厉，为建设更高水平的平安中国作出新的更大贡献。持续深化平安湖南建设应当以法治作为重要依托，在法治轨道上加强国家安全体系和能力建设，坚定维护政治安全、产业链供应链安全，加强经济安全风险预警、防控机制和能力建设，确保粮食安全等重要行业和关键领域安全，加强社会治安防控体系建设，常态化开展扫黑除恶斗争、坚决防范和打击各类违法犯罪活动，强化安全生产责任落实、坚决防范遏制重特大安全事故，提高灾害防范应对能力，维护人民群众生命安全。

新冠肺炎疫情是百年来全球发生的最严重的传染病大流行，是新中国成立以来我国遭遇的传播速度最快、感染范围最广、防控难度最大的重大突发公共卫生事件。习近平总书记多次指示，疫情防控越是到最吃劲的时候，越要坚持依法防控，在法治轨道上统筹推进各项防控工作，全面提高依法防控、依法治理能力，保障疫情防控工作顺利开展，维护社会大局稳定。自新冠肺炎疫情发生以来，湖南全省广大医务工作者白衣为甲、逆行出征，各行各业劳动者坚守岗位、向险而行，青年一代不惧艰险、勇挑重担，彰显了伟大抗疫精神。在现代化新湖南建设中，我们应充分认识新冠肺炎疫情对国家治理体系和治理能力带来的政治、经济、文化、社会等方面的挑战，全省上下强化法治思维，从立法、执法、司法、守法各环节发力，完善重大疫情防控体制机制，健全公共卫生应急管理体系。

加强和创新社会治理

习近平总书记指出，必须加强和创新社会治理，完善党委领导、政府负责、民主协商、社会协同、公众参与、法治保障、科技支撑的社会治理体系,建设人人有责、人人尽责、人人享有的社会治理共同体,确保人民安居乐业、社会安定有序,建设更高水平的平安中国。全面推进法治湖南建设,加强和创新社会治理,必须健全社会矛盾纠纷多元预防调处化解机制,加快构建立体化智能化社会治安防控体系,健全党组织领导的自治法治德治相结合的城乡基层治理体系。

加强和创新社会治理,应当坚持和发展新时代"枫桥经验"。1963年,毛泽东批示在全国推广"发动和依靠群众,坚持矛盾不上交,就地解决,实现捕人少、治安好"的"枫桥经验"。习近平总书记在浙江工作期间,明确提出要充分珍惜"枫桥经验",大力推广"枫桥经验",不断创新"枫桥经验"。党的十八大以来,习近平总书记提出了一系列社会治理的新理念新思想新战略,特别是对坚持发展"枫桥经验"作出重要指示,要求把"枫桥经验"坚持好、发展好,把党的群众路线坚持好、贯彻好。现代化新湖南建设,应当像常德津市白衣镇等地一样,通过三次初级调解,把90%以上的纠纷都化解在村组内,把基层矛盾化解在萌芽状态,把不稳定苗头调处在镇村层面,切实发挥新时代"枫桥经验"在协调经济社会关系、预防化解社会矛盾、巩固基层政权中的重要作用,推进湖南全域基层治理体系和治理能力现代化。

"道虽迩，不行不至。"奋斗"十四五"、奋进新征程，坚持依法治省、依法执政、依法行政共同推进，法治湖南、法治政府、法治社会一体推进，坚持不懈筑法治之基、行法治之力、积法治之势，建设现代化新湖南的宏伟事业定能枝繁叶茂、结出硕果。

屈茂辉　湖南省人民政府参事、湖南大学法学院教授

着力点

如何答好平安湖南建设的"应急"卷?

疫情、自然灾害、安全生产事故等突发事件是一块试金石,检验着一个地方政府的担当作为和应急处突能力。湖南是全国自然灾害最为严重的省份之一,也是安全防范任务最为繁重的省份之一。虽然经过近年的不懈努力,事故总量逐年下降,防灾减灾救灾能力不断提升,但自然灾害和安全生产风险突出,设防水平有待提升。我们应加强公共卫生能力建设、乡镇应急救援力量建设,强化应急演练、提升应急能力等,推动全省进一步建立长效化、专业化的公共事件应急救援服务和行之有效的机制、指南、预案，有效、精准、科学应对各类突发事件，满足人民群众服务需求，为建设更高水平的平安湖南打下坚实基础。

强理念、明方向

学深悟透习近平新时代中国特色社会主义思想，躬行践履习近平总书记关于应急管理重要论述，深刻理解精髓要义，对标对表执行落实，把总书记的重要思想、重要论述、重要指示转化为推动应急管理体系和能力现代化的生动实践，既以安全保发展，又以发展促安全。

胸怀"两个大局"，坚持"两个至上"。全面把握世界百年未有之大变局和中华民族伟大复兴战略全局，在建设社会主义现代化强国、实现中华民族伟大复兴的历程中，在全面落实"三高四新"战略定位和使命任务、建设现代化新湖南的进程中，始终把应急管理事业置于党的宏伟大业和人民福祉之中，坚持人民至上、生命至上、安全第一，切实筑牢长治之业、巩固久安之势。

统筹"两件大事"，强化"两个根本"。自觉用系统观念审视、谋划应急管理工作，统筹发展和安全"两件大事"，主动适应、运用新形势下应急管理的工作规律、特征，着力构建全周期、全领域、全要素覆盖的应急管理体系,以自我革命的精神推进理念变革、制度变革、管理方式变革,从根本上消除事故隐患,从根本上解决问题。

力戒"两个主义",做到"两个维护"。应急管理事关人民生命财产安全和社会稳定,要坚决杜绝官僚主义、形式主义,以"抓铁有痕、踏石留印"和"钉钉子"精神狠抓工作落实,切实解决人民群众"急难愁盼"的安全问题,以实绩实效坚决维护好习近平同志党中央的核心、全党的核心地位,坚决维护党中央权威和集中统一领导。

强职责、顺体制

要着眼"全灾种""大应急"任务需要,在机构职责整合完成"物理叠加"的基础上,坚持高效、协同、共享三原则,优化重构应急管理体系,实现"化学反应"。

完善组织体系。充分发挥应急管理部门的综合优势和各相关部门的专业优势,立足"综合防""协同抗""主导救""统筹助",推动相关部门"具体防""为主抗""支撑救""分工助"。进一步完善防汛抗旱、森林防灭火、救灾保障等议事协调机构的程序制度,理顺"统"和"分"、"防"与"救"的职责边界,确保防灾减灾救灾体制机制更顺,预警预报、研判会商、协作配合更紧密高效。

完善指挥体系。调整完善湖南省级突发事件指挥应对领

列数据

"0"！湖南安全发展迈上新台阶

全省生产安全事故起数、死亡人数分别同比下降 **5.72%、4.53%**

实现了自 **1967** 年有完整事故统计数据以来首次年度重特大事故**零**发生

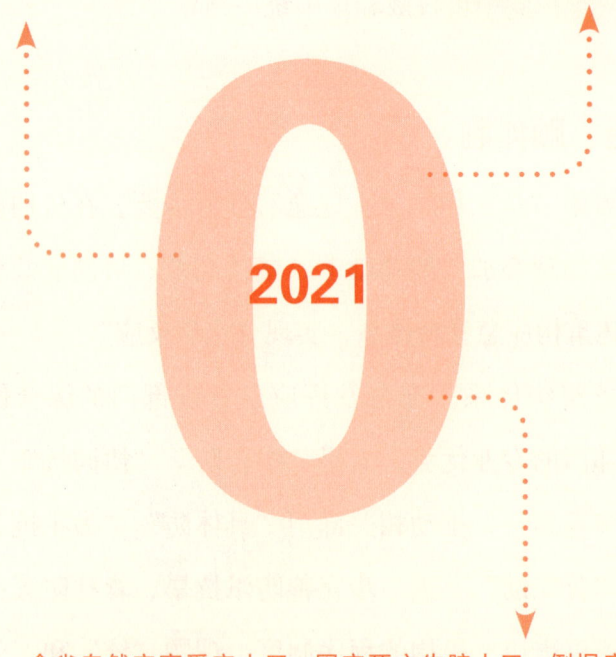

0

2021

全省自然灾害受灾人口、因灾死亡失踪人口、倒塌房屋数量和直接经济损失与近 **5** 年均值相比，分别下降 **44.81%、87.12%、77.94%、67.91%**

导机构，建立健全工作规程规则及平战转换机制，在实战演练和大战大考中不断完善，做到平时统筹协调、战时统一指挥，实现风险研判"多元化"、应急指挥"扁平化"、应急救援"一盘棋"。

完善保障体系。坚持资源共享、平战结合、政企互动，构建多层级、多部门、多系统、多兵种的值班互联、信息互通、处置联动的应急联动机制。健全完善战略物资和应急物资储备体系，为应急作战做好充分的后勤保障。数字赋能，推动应急管理"一张图"、指挥监控"一张网"、智慧应急"一平台"，实现点对点、扁平化、可视化指挥调度与决策会商。

完善责任体系。依据"三管三必须"要求，按照业务相近的原则厘清监管职责，堵塞监管漏洞；严格事故灾害调查评估，严肃追责问责，强化警示震慑，以事故教训推动工作。特别要充分用好"安全生产纳入党委政治巡视"的利剑，推动各级各部门党政领导干部履行"促一方发展、保一方平安"的政治责任，压实企业主体责任、政府监管责任、公民防护责任。

强法治、硬手段

实现应急管理体系和能力现代化，必须坚持依法管理，运用法治思维和法治方式提高应急管理的法治化、规范化水平。

夯实法治基础。围绕新修订的《中华人民共和国安全生产法》和《中华人民共和国突发事件应对法》，深入开展学习宣贯，在全省营造学法、懂法、用法、守法氛围。统筹推进应急管理地方性立法工作，加快推进重点领域和关键环节地方性标准的制定修订，积极探索制定监测预警、风险评估、隐患治理、应急装备等地方技术标准。

严格依法治安。应急管理部门是执法部门，必须"命"字在心、"严"字当头、铁面无私、较真碰硬，切实解决执法"宽松软"的问题。以专项整治三年行动巩固提升为抓手，强力实施"打非治违"，严格监管执法，构建双重预防机制，既狠抓直管的矿山和尾矿库、危险化学品和烟花爆竹、消防和人员密集场所安全，又督导有关部门狠抓道路交通、建筑施工、老旧管道、农村危房等重点领域隐患排查整治，坚决守住安全生产"基本盘"；统筹防范水旱、地质、气象、林火等自然灾害，持续做好防灾减灾救灾工作。

提升执法效能。深化综合行政执法改革，进一步整合职责，优化配置编制资源，加强执法队伍建设，完善执法机制，规范执法行为和方式。深入开展"强执法防事故"活动，完善执法质量排行榜，形成"以执法论英雄、以结果论成败"的鲜明导向。

强基层、打基础

应急管理部门组建时间不长,基础薄、基层弱,既要加强顶层设计,更要在强基固本上下功夫,这是催生新发展动能、支撑高质量发展的客观要求。

强化应急能力,夯实一线保障。强化顶层设计,健全完善基层应急管理组织、责任和保障体系;全力推进自然灾害防治"九大重点工程"建设,自觉把"九大重点工程"作为全面提升防灾减灾能力的重要支撑;大力推进综合减灾示范社区、示范县创建和安全发展示范乡镇、示范县建设,以先进促后进,以创建促安全。

强化科技引领,实施"智慧应急"。加快推进安全生产风险监测预警系统建设,形成广域覆盖、智能预警的安全生产风险防控"一张网"。大力推进"互联网+监管"一体化平台无缝对接,加强风险智能分析研判,不断提升监管执法科学化、专业化、智能化和精准化水平。重点实施好五级联动应急指挥体系建设,实现省、市、县三级平台互联互通、资源共享、一体应用。加快"小型化""模块化"智能装备研发,提升各级应急救援队伍智能化装备比例。

强化社会共治,做到群防群治。始终坚持群众观点和群众路线,推动安全宣传进企业、进农村、进社区、进学校、进家庭,普及安全知识,培育安全文化。广泛发动群众,动员社会参与，汇聚民智民力，落实风险隐患举报保护和奖励措施，强化社会监督作用。积极推进安全风险网格化管理，调动一切积极因素、凝聚一切发展力量，着力构建共建共治共享大格局。

强统领、铸铁军

以政治建设为统领，践行习近平总书记"对党忠诚、纪律严明、赴汤蹈火、竭诚为民"训词精神，努力打造一支让党和人民始终信得过、靠得住、能放心的应急管理铁军。

坚持政治建队不动摇。充分发挥党委把方向、管大局、保落实的领导作用，确保应急管理人才队伍建设始终保持正确的政治方向。积极推动建立双重领导、地方为主的领导体制，实施准军事化管理。深化"三表率一模范"机关创建，实施支部"五化"建设提质工程，开展党员示范先锋岗创建活动，推进党建与业务工作深度融合。

坚持素质强队不动摇。多措并举提高专业能力，积极推动"特岗计划"改革试点，探索构建基层应急管理专业人员培训机制。选拔优秀年轻干部到一线锻炼，到情况复杂、条件艰苦的地方去磨炼，不断增强应急管理干部队伍"统"的能力、"斗"的能力、"专"的能力、"干"的能力，做到敢统、善统、能统，想干、会干、实干。

坚持从严治队不动摇。压紧压实全面从严治党政治责任，认真落实明责、履责、督责、问责等措施要求。深入排查整治廉政风险隐患，深层次推进廉政文化建设，注重运用监督执纪"第一种形态"，不断扎紧扎密扎牢制度笼子。大力倡导践行"一线工作法"，淬炼"听党指挥铸铁军、较真碰硬敢斗争、雷厉风行提效能、清正务实保民安"的严实作风。

安全是发展的前提，发展是安全的保障。坚持人民至上、生命至上，把保护人民生命安全摆在首位，严守安全生产红线，全面提高公共安全保障能力，加强预防和化解社会矛盾机制建设，加强社会治安防控，为促进经济健康发展、社会安全稳定提供坚实保障。着眼"十四五"，湖南要把安全发展贯穿全省经济社会发展各领域和全过程，打造更高水平的平安湖南。

李大剑　湖南省应急管理厅党委书记、厅长

07 关键词

文化强省

先 **读** 为 快

意识形态主动权

要旗帜鲜明坚持党管宣传、党管意识形态、党管媒体。对意识形态领域出现的社会思想"分化"、敌对势力"西化"、主流价值"淡化"、虚无历史"丑化"、网络阵地"弱化"、意识形态"泛化"等风险挑战,要主动出击、精准出击、有效打击。

文化产业

全力推进马栏山视频文创产业园建设,在新时期、新领域、新赛道再现文化产业的"湖南现象"。
要持续将传统工艺与数字科技对接,对文化资源进行数字化转化和开发。
要放大产业协同发展的积极作用,推动文化及相关产业共同健康发展。

文旅融合

大力实施全域旅游战略,以长沙、张家界、韶山等为龙头打造一批具有文化底蕴的世界级旅游景区、文化特色鲜明的国家级休闲城市和街区,力争 5 年实现 5A 级景区市州全覆盖。

进一步打破行政藩篱,强化区域协作,重点推进雪峰山区域文旅发展,促进湖南中部地区文旅崛起。

聚焦建设文化强省和世界知名旅游目的地这一目标,续写湖南文旅新篇章,为建设现代化新湖南作出好的更大贡献。

数字化产业发展

数字化转型是改造提升传统产业、培育发展新动能的重要手段。

传统文化产业融入数字化浪潮,要持续将传统工艺与数字科技对接,对文化资源进行数字化转化和开发,让优秀文化资源借助数字技术"活起来"。

数字化转型为文化企业提供了一片新"蓝海",元宇宙概念的提出更是为拓展产业边界提供了巨大想象空间。

着力点

牢牢掌握意识形态工作主动权，怎么看、怎么办？

意识形态是党的一项极端重要的工作。从革命年代靠"枪杆子"和"笔杆子"闹革命，到改革开放以来物质文明和精神文明"两手抓、两手都要硬"，再到新时代"不仅要在物质上强大起来，而且要在精神上强大起来"，我们党始终高度重视和善于做好意识形态工作。当前，我国意识形态领域总体保持向上向好态势，但也要看到，思想文化相互激荡、价值观念多元多样，建设具有强大凝聚力和引领力的社会主义意识形态任务依然艰巨。湖南作为舆情大省和互联网发达省份，做好意识形态工作、牢牢掌握意识形态工作主动权，对于营造风清气正的舆论环境至关重要。

牢牢掌握意识形态工作主动权，怎么看？

习近平总书记指出："意识形态工作是党的一项极端重要的工作，是为国家立心、为民族立魂的工作。"做好意识形态工作，事关党的前途命运，事关国家长治久安，事关民族凝聚力和向心力。意识形态工作的重要性对一个国家意义如此，对一地一域也是如此。对湖南来讲，能否做好意识形态工作、牢牢掌握意识形态主动权，意义重大。

关乎建设社会主义现代化新湖南的根本方向。方向决定道路，道路决定命运。2020年，习近平总书记考察湖南，勉励湖南打造"三个高地"、践行"四新"使命，抓好五项重点任务，奋力谱写新时代坚持和发展中国特色社会主义的湖南新篇章；省第十二次党代会提出要坚定不移沿着习近平总书记指引的方向奋勇前行，全面建设富强民主文明和谐美丽的社会主义现代化新湖南。无论是习近平总书记的殷切嘱托，还是省委的战略部署，都把"坚持和发展中国特色社会主义"嵌入其中、凸显出来，用以规定、统领、引领湖南的现代化建设事业。只有牢牢掌握意识形态工作主动权，始终坚持改革发展的社会主义性质和方向，

列数据

新闻宣传谱写华章

湖南共有 **70** 件作品荣获中国新闻奖

123 个县（市、区）挂牌成立县级融媒体中心

20 多家主流媒体结成"辟谣侠盟"

建立抗击疫情网络谣言快速核查报道机制

2016—2021 年

精神文明之光闪耀三湘

截至 2021 年 11 月——

湖南 **19** 人（组）当选全国道德模范

全国文明城市总数达 **10** 个

全国文明村镇 **228** 个

全国文明单位 **304** 个

全国文明家庭 **28** 个

全国爱国主义教育示范基地从 **24** 个增加到 **38** 个

居各省区市第 **1** 位

坚定中国特色社会主义道路自信、理论自信、制度自信、文化自信，建设社会主义现代化新湖南的事业才能劈波斩浪、行稳致远。

关乎加快文化强省建设的发展指向。在长期努力中，以2006年省第九次党代会在全国率先提出"建设文化强省"战略为标志，文化强省建设已经从夯基垒台、积厚成势步入加快发展的新阶段。在这个历史进程中，社会主义意识形态不仅为推进文化强省建设提供了坚强有力的思想保障，还发挥着至关重要的引领作用。只有牢牢把握正确的政治方向、舆论导向、价值取向，坚持社会效益为首、社会价值为先，加快文化强省建设才能坚持正确的政治方向，焕发更加强劲的创造力、竞争力、影响力、塑造力。

关乎满足人民精神文化需求的价值取向。推进中国式现代化、促进全体人民共同富裕，既要提供丰富的物质生活，也要提供高质量的文化产品、增强人民精神力量。意识形态是在人的头脑里搞建设，在互联网高速发展、人民文化选择日益多元的背景下，如果对文化产品的创作生产不加监管，对群众的文化选择放任自流，思想文化领域就会出现各种乱象，甚至会危及冲击意识形态安全红线。只有坚决反对和警惕"文化虚无主义""泛娱乐主义"等错误思潮的影响，坚持社会主义核心价值观，才能满足人民对美好精神文化生活的需求，实现满足人民文化需求和增强人民精神力量相统一。

牢牢掌握意识形态工作主动权，怎么办？

"万物得其本者生，百事得其道者成。"党的十八大以来，以习近平同志为核心的党中央就意识形态领域的方向性、根本性、全局性问题作出一系列重要论述和重大部署，为建设社会主义意识形态提供科学指引和根本遵循。

湖南省委和各级党组织按照习近平总书记和党中央决策部署，旗帜鲜明坚持党管宣传、党管意识形态、党管媒体，严格落实意识形态工作责任制，守土有责、守土尽责、守土负责，制定贯彻落实《中国共产党宣传工作条例》《党委（党组）意识形态工作责任制实施办法》的相关文件，深入推进宣传文化领域党和国家机构改革，把各级党委（党组）落实意识形态工作责任制纳入巡视巡察重要内容，深入推进文娱领域综合治理，及时纠偏广播电视节目一度出现的过度娱乐化问题，坚决打击一批所谓的网络"大V"，创作推出《大地颂歌》《从十八洞出发》等一批文艺精品力作，布局建设马栏山视频文化创业产业园等一批文化产业项目，推动意识形态领域取得历史性成就、发生历史性变革，极大地提升了宣传思想文化领域治理体系和治理能力现代化水平，为新时代湖南意识形态工作守正创新发展奠定了坚实基础。

做好新时代湖南意识形态工作，要认真学习贯彻习近平总书记关于意识形态工作的系列重要论述，紧紧围绕"举旗帜、聚民心、育新人、兴文化、展形象"的使命任务，坚持围绕中心服务大局，坚持党管意识形态，坚持以人民为中心，坚持主管主办和属地管理，坚持立破并举、守正创新，坚持敢于斗争、善于斗争，牢牢掌握意识形态工作领导权，建设具有强大凝聚力和引领力的社会主义意识形态。

抓好首要任务强化理论武装，树牢主心骨。各级党委（党组）要把学习贯彻习近平新时代中国特色社会主义思想作为首要政治任务，用好党委会第一议题、党委（党组）理论学习中心组学习、干部教育培训、"三会一课"和"学习强国"等网络平台持续开展覆盖党员干部的学习，建立健全领导干部述学评学考学机制、理论学习成果转化和实践检验机制，推动全省上下学深悟透、真信笃行，在思想上、政治上、行动上同党中央保持高度一致，增强政治"三力"，坚决捍卫"两个确立"，自觉做到"两个维护"。

围绕中心大局壮大主流舆论，唱响主旋律。要牢牢坚持新闻舆论工作48字方针，掌握新闻舆论传播规律，加强议题设置和舆论引导，聚焦贯彻落实习近平新时代中国特

学典型

对话青少年　湖南共青团掀起宣讲热潮

2021年，湖南共青团充分发挥青年讲师团、青联榜样说、红领巾巡讲团等理论宣讲"轻骑兵"队伍优势，组织省、市两级千名青年讲师、29.9万名专挂兼职团干部，聚焦党史主题、习近平总书记"七一"重要讲话精神、党的十九届六中全会精神和省第十二次党代会精神，围绕"百年正青春"主题，以"千人千场"集中宣讲为示范，推进"万人万场"小微型宣讲，全年开展"万人万场"党史主题宣讲2.7万余场，线上线下覆盖青少年400余万。

色社会主义思想，聚焦全面落实"三高四新"战略定位和使命任务，聚焦贯彻落实新发展理念、构建新发展格局、推动高质量发展，聚焦现代化新湖南建设征程上的变革性实践、突破性进展、标志性成果，策划开展好主题宣传、典型宣传、热点引导；加快媒体融合发展步伐，推动湖南发展的正面声音挺进各类媒体平台，讲好湖南故事、塑造湖南形象。

树牢底线思维防范化解风险，打好主动仗。增强忧患意识，做到居安思危，是我们党治国理政必须始终坚持的一个重大原则，也是牢牢把握意识形态主动权的内在要求。要加强意识形态领域形势分析研判、风险评估和风险预判，建立健全意识形态舆情监测预警处置全流程工作机制，落实重大决策、重要政策、重大改革、重大工程、重大活动实施前开展意识形态风险评估，做到发现在早、预防在先、解决在小。定期开展对意识形态阵地的隐患排查，突出新闻媒体和网络传播平台、社会研究机构和思想理论阵地、党校（行政学院）、干部学院和社会主义学院及各类学校、出版物和出版机构、文艺创作生产传播机构和文化服务机构等，构筑堤坝、堵塞漏洞，筑牢意识形态安全屏障。

注重守正创新推动文化建设，掌握主导权。社会主义意识形态的政治、经济、社会、文化功能是相互联系的，其政治功能为经济、社会、文化功能提供保障，其他功能的发挥又能反过来巩固其政治功能。要推动文化高质量发展，提升公共文化服务水平，健全文化产业体系，深入开展全域全员全面全程文明创建，着力提高社会文明程度，着力打造社会主义先进文化生产高地，拓展意识形态的经济、社会、文化功能，厚植社会主义意识形态的文化根基。

牢牢掌握意识形态工作主动权，怎么干？

踏上新的赶考之路，各级党委（党组）和党员领导干部要增强历史自觉、把握历史主动、肩负历史责任，努力开创意识形态工作新局面。

强化政治担当。各级党委（党组）要认真贯彻落实党中央以及上级党委关于意识形态工作的决策部署和指示精神，全面落实意识形态工作责任制，坚持马克思主义在意识形态领域指导地位的根本制度，把体现意识形态工作要求、维护意识形态安全融入贯穿本地区本部门本单位行政管理、行业管理、社会管理中，真正使党的意识形态管理横向到边、纵向到底、不留死角、全面覆盖。党委宣传部门、组织部门、纪检机关要分工负责、各负其责、担当其责，形成齐抓共管的工作合力。

发扬斗争精神。要敢于斗争、善于斗争，增强政治敏锐性和政治鉴别力，立场坚定地站在意识形态斗争第一线，旗帜鲜明地批驳各种错误思潮。对意识形态领域出现的社会思想"分化"、敌对势力"西化"、主流价值"淡化"、虚无历史"丑化"、网络阵地"弱化"、意识形态"泛化"等风险挑战，要主动出击、精准出击、有效打击，巩固拓展意识形态向上向好的形势。

落实落细责任。各级党委（党组）要用好日常监督、专项检查、绩效评估、巡视巡查等工作手段，完善知责明责的"责任链"，高举督促考核的"指挥棒"，用好责任追究的"撒手锏"，把意识形态工作主体责任落实到日常工作、落实到基层组织、落实到所属阵地，确保层层压实责任、人人担当责任。

中华民族伟大复兴是在世界格局深刻调整、面临百年未有之大变局的历史进程中行进的，社会主义现代化新湖南建设也是在国内外形势深刻变化、不确定因素日益增多的条件下推进的。历史深刻昭示，无论党和国家面临什么样的发展形势、面临什么样的发展环境，都必须把意识形态工作置于全局工作的突出位置，作为一项极端重要的工作常抓不懈。实践也深刻启示：只有牢牢掌握意识形态主动权，才能在变动不居的时代洪流中把握方向、掌握主动、成就事业。全省各级党委（党组）党员领导干部要以深入学习贯彻党的十九届六中全会精神和省第十二次党代会精神为契机,从更高站位抓好意识形态工作,为湖南高质量发展和现代化建设营造良好舆论氛围,不断巩固全省人民团结奋斗的共同思想基础。

殷晓元　湖南工业大学党委委员、副校长

着力点

文化产业如何再次创业？

湖南文源深、文脉广、文气足、文产强，在深厚的文化底蕴和丰沛的湖湘精神滋养下，湖南文化产业走出了一条卓有成效的独特发展之路。进入新时期，湖南省第十二次党代会贯彻落实习近平总书记重要讲话精神，对全省文化产业发展作出精心部署，再次吹响了"文化湘军"破浪前行的号角。站在新的历史起点，面对新机遇新挑战，湖南文化产业必将以时不我待的精神进行再次创业，在推动高质量发展上谋划新思路、闯出新路子。

马栏山视频文创产业园建设再现"湖南现象"

2020年9月17日,习近平总书记亲赴马栏山视频文创产业园视察,从坚持守正创新、促进文化和科技融合等方面对文化产业发展做出了重要指示。20世纪90年代中期,伴随着改革开放的不断深入,湖南广电和湖南出版领风气之先,打破窠臼创新发展,在全国文化产业发展中大放异彩,形成了极具影响的"湖南现象"。新时期,湖南省委、省政府再次落子马栏山,打造文化产业高质量发展新引擎。我们必须撸起袖子加油干,不负总书记殷殷嘱托,全力推进马栏山视频文创产业园建设,在新时期、新领域、新赛道再现文化产业的"湖南现象"。

坚持社会效益优先,牢牢把握正确导向。发展文化产业要坚持社会效益和经济效益相统一,社会效益放首位。文化产业既具有经济属性又具有意识形态属性,必须始终高举社会主义先进文化大旗,为广大人民群众提供源源不断的优质精神文化产品。正是在"导向金不换"观念指引下,马栏山视频文创产业园的园区企业出品了《理想照耀中国》《大地颂歌》等一批既叫好又叫座的文化产品,园区还构建了"智慧党建""智慧大屏"等系统,不断提高用网治网水平,使互联网由最大变量成为事业发展的最大增量,确保了正确方向。当前,全球化和逆全球化的较量激烈,各方势力对意识

列数据

湖南文化产业走在全国前列

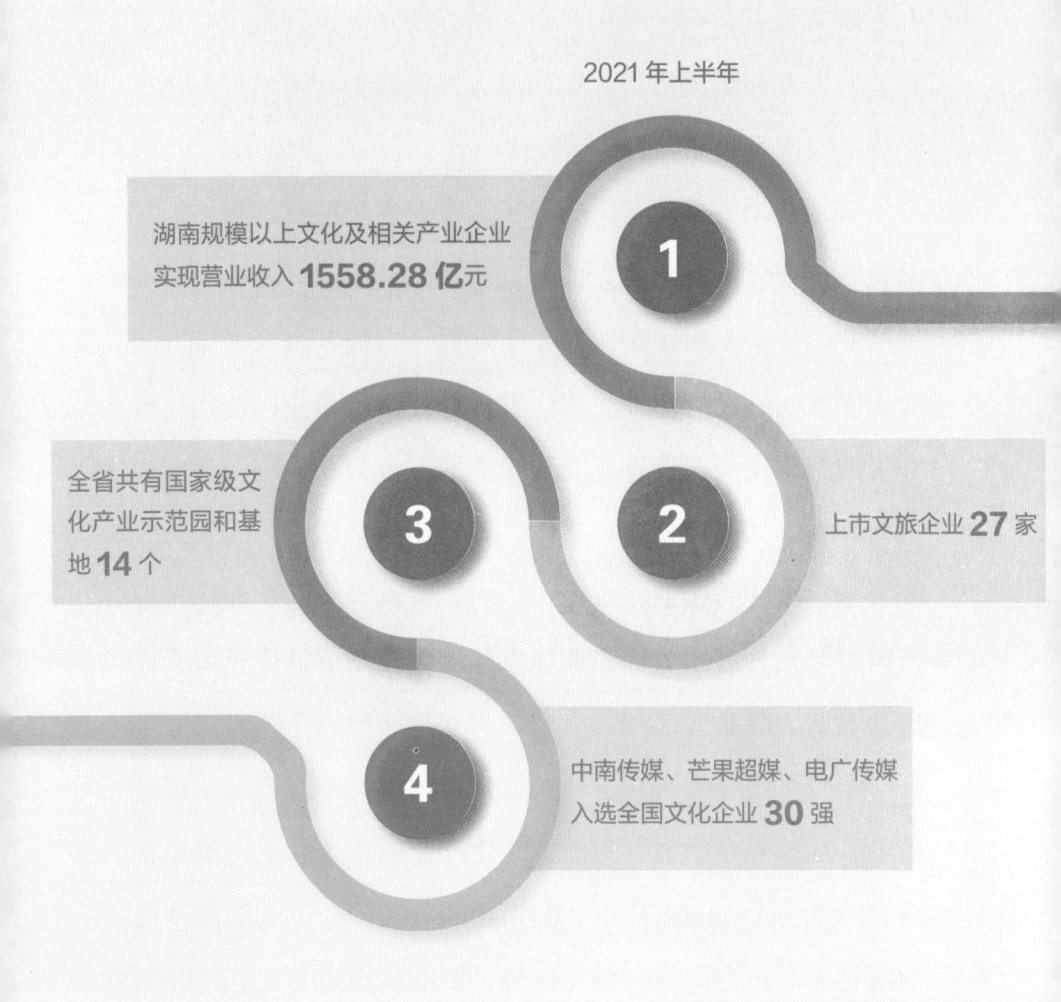

2021年上半年

1. 湖南规模以上文化及相关产业企业实现营业收入 **1558.28** 亿元

2. 上市文旅企业 **27** 家

3. 全省共有国家级文化产业示范园和基地 **14** 个

4. 中南传媒、芒果超媒、电广传媒入选全国文化企业 **30** 强

形态领域的争夺从未停歇,谋划文化产业高质量发展,首要任务就是要倡导社会主义核心价值观,做到春风化雨、入脑入心,守好意识形态"主阵地"。同时,还要找准社会效益和经济效益有机统一的结合点,贴近群众需求创新生产模式样式,以喜闻乐见的形式引领好人民群众精神需求、传播好正能量,构筑起强大的精神堡垒。

集成优质要素资源,营造视频产业发展的良好生态。湖南视频产业发展具有良好的基础和先发优势,马栏山视频文创产业园更是汇聚了全国乃至全球优质资源。园区未来发展要着眼于构造良好产业生态,发挥好要素资源协同作用,推动集群集聚发展。发挥好龙头企业的示范带动作用。园区内目前汇集了湖南广播影视集团、湖南出版集团、中广天择等一大批本土优秀企业,百度、华为、腾讯等头部企业也相继入园。要充分借用头部企业强大势能,拉动一批成长型企业快速发展,既要引进和打造"顶天立地"的大企业,又要培育"铺天盖地"的小企业。继续坚持内容为王。内容永远是根本,是核心竞争力。当前,文化产业的竞争焦点已聚集在内容的竞争上,湖南广电、湖南出版、长沙广电、湖南动漫的内容生产在全国具有领先优势,要继续把内容摆在十分突出的位置,以内容赢得产业发展优势。要注重文化资源的挖掘,注重文化创意的提升,注重文化品牌的打造,完善激励机制,形成鼓励内容创新的良好生态。完善延伸产业链条。视频产业天生具有创新属性,要紧紧围绕产业链部署创新链、围绕创新链布局产业链,着力推进产业基础高级化、产业链现代化。发挥好马栏山中国"V"链平台,推动园区内千余家内容生产企业上链,更好地与全国内容产业互联互通。抓好新基建夯实园区产业基础。加强文化产业数据中心、云平台等"云、网、端"通用基础设施建设,推动中国广电5G应用中心、5G频道支撑平台等重点项目落地,打造"云上马栏山"。建设文化企业孵化器、众创空间、服务平台、互联网创业和交易平台等创新创业载体,推动网络文学产业链公共服务平台发展。

理顺体制机制,形成发展合力。近年来,湖南省委、省政府和长沙市委、市政府相继出台文件,从项目资金支持到引进头部企业,从鼓励技术创新到降低运营成本等多个方面,对马栏山视频文创产业园建设发展进行支持。但应该清醒地看到,园区目前的政策力度和管理体制机制与发达地区还存在相当距离。与其他园区相比,园区没有土地资源、平台公司和政策权限,促进发展的资金和手段不足,承担的使命任务和拥有的权限资源不相匹配,存在"小马拉大车"的现象。要进一步解放思想、大胆创新,立足当前马栏山在全国文化产业创新发展中的重要影响力,形成省、市、区

学典型

繁荣文化事业和文化产业，湖南这么干！

2022

1. 拓展新时代文明实践中心建设
2. 打造湖湘新型智库
3. 建设"书香湖南"
4. 加快长征国家文化公园（湖南段）建设
5. 建设一批文旅产业千亿市、百亿县、亿元镇
6. 办好全省旅游发展大会

共建马栏山的合力，明确责权利关系，加大放权力度，参考设立国家级新城、国家级经济开发区的做法，进一步提高园区层级，增强园区资源调度能力。同时，要立足提供优质服务，积极探索市场化、专业化运作，提升数字化、智慧化服务，打造市场化、法治化、国际化营商环境。

数字文化产业发展再创"湖南品牌"

习近平总书记指出，要顺应数字产业化和产业数字化发展趋势，加快发展新型文化业态，改造提升传统文化业态，提高质量效益和核心竞争力。近年来，湖南在推动文化产业与数字技术融合发展上持续发力，数字化转型取得良好成绩，催生出一批新业态新品牌。未来，面对新一轮技术的变革和挑战，湖南文化产业必将拥抱数字化浪潮，进一步深化供给侧结构性改革，为实现高质量发展开辟更大空间。

推动国有文化企业加快数字化转型，引领新潮流抢占新高地。数字化转型是改造提升传统产业、培育发展新动能的重要手段。当前，文化产业传统板块颓势日显，数字化转型迫在眉睫，国有文化企业无论是从体量还是影响力上都远超一般企业，其转型升级将有效带动产业链提升。目前，国有文化企业已在数字化转型上进行了积极探索，如湖南广电集团超前布局"一云多屏、两翼齐飞"战略，成功探索媒体数字化转型的芒果超媒模式，出版集团聚力打造时刻、晨视频、贝壳网等一批文化数字化品牌，报业集团加快推动华声在线、"新湖南"客户端建设等。在数字化大潮下，更要体现国企担当，加大对数字技术应用的研发投入，推动5G高新视频多场景应用国家广播电视总局重点实验室等数字化基础设施建设，加快数字化转型共性技术、关键技术研发应用，推动产品服务和业务流程数字化改造升级，抢占未来文化产业发展制高点。

推动传统文化产业插上数字化翅膀，激发新动能焕发新活力。湖南传统文化产业源远流长，工艺美术、烟花等行业在全国占据着重要的一席之地，新需求、新技术、新环境对传统文化产业提出了新考验，数字化转型就是迎接挑战再占先机的关键一招。目前，湖南传统文化产业在数字化领域迈出了坚实的步伐，如一批大型烟花企业转战电子烟花领域，以新技术、新工艺、新配方、新材料推动花炮产业转型升级，湖南烟花绽放在庆祝中国共产党成立100周年文艺演出《伟大征程》的夜空，"陶瓷重镇"醴陵的工艺瓷器企业借助数字化技术，研发5G定制化机器视觉检测系统，有力地推动了工艺瓷器生产的数字化、智能化转型。传统文化产业融入数字化浪潮，要持续将传统工艺与数字科技对接，对文化资源进行数字化转化和开发，发挥好"大智移云"、3D打印等技术对内容创作、产品开发、模式创新的支撑作用，不断提高产品品质、丰富表现形式，让优秀文化资源借助数字技术"活起来"。

推动文化产业拓展新领域，培育新业态扶持新企业。数字化转型为文化企业提供了一片新"蓝海"，元宇宙概念的提出更是为拓展产业边界提供了巨大想象空间。近年来，湖南虽然涌现出一批以安克创新、明和光电为代表的数字文化装备生产企业，同时也发展出天使文化、草花互动、盘子女人坊等以数字技术为生产手段的文化内容创作生产企业，但对产业最前沿的布局仍显不足。积极拓展文化产业新领域，一方面要实施文化数字化战略，引导互联网及其他领域龙头企业布局数字文化产业，另一方面要大力扶持中小微数字文化企业成长，培育一批文化产业细分领域的"瞪羚企业"和"隐形冠军"，通过政策引导、产业资金扶持、社会资本投入等多种方式，助力新兴企业开展业态创新、产品创新，不断满足新时代下人民群众的新需求。

"文化+"战略再写"湖南经验"

习近平总书记强调，要善于把弘扬优秀传统文化和发展现实文化有机统一起来、紧密结合起来，并对文化旅游融合、文化科技融合等作出系列重要指示。文化与相关产业间的相互促进日益彰显，实施"文化+"战略就是要放大产业协同发展的积极作用，推动文化及相关产业共同健康发展，将文化产业向相关领域不断延展，通过文化赋能再写文化领域新的"湖南经验"。

充分发挥科技金融支撑作用，推动文化产业高质量发展。当前，新一轮科技革命与产业变革方兴未艾，科技在促进文化产业创新发展上的潜力巨大。文化新业态的培育发展往往伴随科技生活化的步伐。目前，视听、语言等智能技术在文化领域的创新应用极大地提升了观众的视听体验，在互联网、5G、云计算、虚拟现实等技术的带动下，新兴文化业态也得到长足进展，AI手语播报系统、虚拟人技术研发应用、虚拟演唱会等将在省内落地。为充分发挥科技对文化产业的支撑作用，湖南将认定第一批文化和科技融合示范基地，鼓励文化企业更好地借助科技力量提升产业层级，未来必将有一大批文化企业借助科技之光绽放出新的光芒。相较于其他产业，文化产业具有典型的轻资产特点，因此特别需要创新金融模式手段为产业发展注入源头活水。要进一步完善针对文化企业和文化项目融资的信用评级制度，特别是针对高成长性的中小微文化企业要拓宽多层次、多渠道、多元化的融资渠道。同时，要积极发挥资本市场孵化培育功能，加快构建和完善适应新时期文化产业发展的资本市场服务体系，支持文化企业进入多层次资本市场。2021年，中共湖南省委宣传部、湖南省地方金融监管局等单位联合，在湖南股权交易所设立文化产业专板，有效地发挥了资本市场扶持优秀文化企业的积极作用。

充分发挥文化赋能经济作用，提升经济发展文化附加值。坚持以文塑旅，以文化提升旅游的内涵品质。以项目为抓手，整合资源，召开首届全省旅游发展大会，通过"立标打样"，促进全省旅游业高质量发展，带动经济社会全面发展。旅游景区不仅要借助文化讲好故事，更要将文化元素纳入旅游线路设计、展陈展示、旅游设施建设，更好地让人们在领略自然之美中感悟文化之美、陶冶心灵之美。要做到情景交融，就要对湖湘文化进行创造性转化，把其中的文化精髓提炼出来，让人们循着故事来、带着故事走，留下美好回忆。紧扣地方特色，推动文化赋能乡村振兴。乡村振兴，不仅要经济上的振兴，更需要文化上的振兴。一方面，要以文促农，合理开发农耕文化、农业文化遗产，发展富有文化创意含量的农耕体验、田园观光、阳台农艺等特色农业，通过文化提升如安化黑茶、石门柑橘等特色农产品经济附加值；另一方面，要以文化人，借助农家书屋、农村电影放映、新实践文明中心等文化平台，提升乡村居民文化素质，陶冶高尚情操，将先进的观念植入乡村居民的内心。打造文化IP，赋能城市经济。文化是城市的灵魂，也彰显着城市的品位。近年来，一批批网红城市迅速走红，长沙也凭借其独特的文化魅力晋升"网红城市"，湖南广电、湖南省博物馆、超级文和友、茶颜悦色等一批文化IP尤为瞩目。优秀的文化IP激活了文化消费，带动了行业经济发展，富有创意的文化设计更是提升了工业产品、城市建筑等的文化价值。湖湘大地钟灵毓秀，发力打造更多优质文化IP，更好地推动经济发展已成为湖南文化产业高质量发展的必然要求。

文化的一半是经济，经济的一半是文化。人们日益增长的美好生活需要，为湖南文化产业再创辉煌提供了发展的契机。站在"两个一百年"奋斗目标的历史交汇点，湖南要不断深化文化体制改革，推进文化与科技、旅游、创意深度融合，推动文化产业高质量发展，用产业融合拓空间，以文化精品提升幸福指数。

阳芳菲　中共湖南省委宣传部文化体制改革和发展办公室主任

着力点

湖南文旅如何书写"诗和远方"?

湖南文脉深远,景色美丽,是文化大省、旅游大省。让"诗和远方"的乐曲更动人,从湖湘文化中汲取奋进的力量,就要聚焦文化强省、全域旅游基地建设,弘扬湖湘文化优秀传统,赓续红色血脉,繁荣文化事业、文旅产业,推进文旅融合高质量发展,打造更多优质文旅产品,提高百姓生活品质。进一步加强顶层设计、明晰空间布局、培育市场主体、打通交通堵点、加大旅游发展改革创新力度,破解当前旅游产业发展中存在的品牌不够响亮、布局不够清晰等现实问题。

提升文化底色

湖南深入贯彻习近平新时代中国特色社会主义思想，大力弘扬以红色文化为引领、各种文化交相辉映的湖湘优秀文化，着力推动优秀传统文化传承弘扬、主题文艺创作宣传和文旅融合发展。"十三五"期间，湖南先后创作了大型优秀剧目140多台，其中湘剧《月亮粑粑》入选国家舞台艺术精品创作工程10台重点扶持剧目，民族歌剧《半条红军被》等11部作品入选庆祝中国共产党成立100周年"百年百部"舞台艺术创作工程，5部剧目入选全国舞台艺术重点创作剧目名录；有159个项目入选国家艺术基金资助项目；《蔡坤山耕田》《桃花烟雨》获曹禺剧本奖；王阳娟荣获文华表演奖；优秀青年演员叶红、张璇荣获中国戏剧梅花奖。2022年，湖南将坚守"人民至上"的初心使命，自觉践行以人民为中心的工作导向，积极落实文化为民、旅游为民的理念，着力繁荣艺术创作生产，研究出台《湖南省艺术创作三年规划（2022—2024）》，围绕党的二十大、乡村振兴等题材开展主题创作，打造接地气、传得开、留得下的优秀艺术作品。

湖南牢记习近平总书记指示，充分发挥红色资源优势，大力发展红色旅游。以建设"两园（长征国家文化公园、沙洲红色文旅特色产业园）两馆（湖南革命军事博物馆、韶山创新成果专题展示馆）一路（韶山—井冈山铁路）"为抓手，深入推进湘赣边红色文化旅游融合发展创新区建设。加强红色旅游景点串点成线、连线成面、拓面成体，形成"一核（以韶山为中心，涵盖花明楼、乌石寨的'红三角'红色旅游发展极核）八景（日出韶山、秋收风云、将帅故里、首倡之地等新潇湘'红八景'）三走廊（大湘西民族文化旅游走廊、大湘东红色文化旅游走廊、长征文化旅游走廊）十二线（领袖元帅之旅、湘赣红·红色旅游铁路专线等12条红色旅游精品线路）"发展全新格局。目前，全省共有红色旅游景区（点）310个。其中，国家经典红色旅游景区（点）28个、省级重点红色旅游景区（点）81个、国家A级旅游景区（点）57个。

接下来，湖南将进一步坚持以文塑旅、以旅彰文，筹备召开全省旅游发展大会，出台促进文旅发展、全域旅游高质量发展、长株潭文化旅游高质量融合发展实验区建设等政策措施和实施方案。大力实施全域旅游战略，以长沙、张家界、韶山等为龙头打造一批具有文化底蕴的世界级旅游景区、文化特色鲜明的国家级休闲城市和街区，力争5年实现5A级景区市州全覆盖。

文旅产业赋能

近年来，湖南以贯彻新发展理念为引领，着力推进文化

讲故事

半条被子

一部红军长征史，就是一部反映军民鱼水情深的历史。在湖南汝城县沙洲村，三名女红军借宿徐解秀老人家中，临走时，把自己仅有的一床被子剪下一半给老人留下了。老人说，什么是共产党？共产党就是自己有一条被子，也要剪下半条给老百姓的人。

——习近平同志在纪念红军长征胜利80周年大会上的讲话

半条被子的温暖

　　1934年11月，红军长征途经郴州市汝城县文明乡沙洲村，3名女红军借宿在村民徐解秀家中，临走时，她们把仅有的一床被子剪下一半留给了徐解秀。

　　80多年前，"半条被子"的故事发生在沙洲村，深刻诠释了中国共产党为民谋福祉的不变初心和不懈追求；80多年后，沙洲村在党的领导下，同心同德，决战决胜，从一个偏僻荒远的小山村晋升为全国知名的红色旅游景区，村民战胜了贫困，过上了小康生活。沙洲村是"样板"，是"范例"，更是时代缩影和生动典范。

产业和旅游产业供给侧结构性改革，文旅产业总量规模稳步提升，对经济社会发展的促进作用明显增强。

骨干文化企业保持稳定增长。2020年，全省3779家规模以上文化企业实现收入3394.78亿元，文化产业走在全国前列。湖南广播影视再次入选世界品牌实验室"2021年中国500最具价值品牌"。芒果TV成为党媒旗下用户规模最大的视频网站。中南传媒连续3年入选由中国企业联合会、中国企业家协会发布的"中国服务业企业500强"，红网综合传播力居省级新闻网站第三。

旅游产业规模持续扩大。"十三五"期间，湖南旅游总收入一直保持在全国前十，逼近万亿元产业大关。全省旅游业增加值占GDP比重从2015年的5.3%增长到2020年的6.18%。全省5A级景区达到11个、4A级景区136个、国家级旅游度假区2个。各类文旅市场主体1.7万余家，其中上市文旅企业27家，国家级文化产业园区（基地）13个、省级园区3个，旅游总收入90亿元以上的县（市、区）61个，文化和旅游产业成为高质量发展新引擎。

"十四五"期间，湖南将着力推动文旅产业提质增效，推动文旅与相关领域融合发展，加大文旅新业态、新产品、新商业模式培育力度，加大文旅企业扶持力度，培育开放多元的文化和旅游市场，促进文旅消费释放更大活力。突出抓好重点文化旅游县、重点文化旅游村镇，谋划实施一批效果好、带动力强的重大文旅项目，建设和培育一批旅游收入千亿元地级市、百亿元县市区、亿元乡镇。力争到2025年，旅游业年总收入超过1.3万亿元，旅游增加值占GDP的比重6.5%左右。

公共文化服务助力

当前，文化和旅游已成为人民幸福生活重要内容和衡量指标。湖南以人民对美好生活的向往为导向，大力完善公共文化服务设施，为民众提供更加舒适、更高质量的文化和旅游服务。覆盖省、市、县、乡、村五级公共文化服务设施网络日趋完善，文化惠民工程深入实施，123个县市区基本完成现代公共文化服务体系建设三年行动计划的任务目标，县级公共图书馆和文化馆完成新建36个、完成改扩建或馆舍主体工程37个。全省每万人拥有公共文化设施面积约6500平方米，比2015年增长465%。公共数字文化建设力度明显加大，以湖南公共文旅云为省级中心，覆盖城乡、互联互通的全省公共数字文旅服务网在全国率先建成。乡村文化阵地标准化建设有效提升，基本实现一乡一文化站、一村一综合文化服务中心。全省旅游厕所建设管理新三年行动计划完成率为132.88%。全面启动公共文化服务体系高质量发展五年行动计划，优质文旅服务供给持续增加，人民群众年人均接受文化场馆服务次数为1.74次，比3年前增长29.9%，人民美好生活新期待得到更好满足。

"十四五"期间，湖南将进一步健全现代公共文化和旅游服务体系，全面实施公共文化服务高质量发展五年行动计划，优化公共文化服务供给，加快建成湖南图书馆新馆，加快推进城乡公共文化服务体系一体化建设，深入推进乡村公共文化服务"门前十小"示范工程，促进城乡文化协调发展，不断提升公共文化服务效能。加大文化遗产保护利用力度，推动非物质文化遗产走进现代生活，实施长征国家文化公园（湖南段）建设、湖南省博物馆世界一流博物馆建设等标志性工程，用高品质的文化供给不断提升人们的文化获得感、幸福感。

深化交流合作

以文为媒、沟通民心，文化和旅游对外及对港澳台交流进一步深化。加强与长三角、珠三角、京津冀、成渝城市群等重点客源市场区域合作，深入开展"一带一路"文化旅游推广交流。2021年，湖南认真贯彻长江中游三省协同推动高质量发展座谈会精神，制定了《长江中游三省文化旅游深化合作方案》，组建了旅游合作发展大联盟，基本完成合作推进的发行三省旅游"一卡通"、打造长江国际文旅品牌、发布跨省旅游精品线路等十件大事。实施"锦绣潇湘"旅游品牌建设工程，在中央电视台、湖南卫视新推出《锦绣潇湘 伟人故里——湖南如此多娇》旅游形象宣传片；坚持举办湖南国际旅游节、湖南文化旅游产业博览会、中国红色旅游博览会、春夏秋冬四季乡村旅游节；"锦绣潇湘"走进"一带一路"文化旅游合作交流系列活动荣获中国旅游业最具影响力营销推广品牌活动第2名，湖湘文化影响力不断扩大。

未来五年，湖南将统筹文化传播和旅游推广，努力开创新渠道、新平台，推动文化和旅游领域国内国际双循环相互促进。进一步打破行政藩篱，强化区域协作，重点推进雪峰山区域文旅发展，促进湖南中部地区文旅崛起。

做实文旅改革

"十三五"期间，湖南注重融合创新，深入推进体制机制改革，坚持"宜融则融、能融尽融"原则，打造人文、自然和生态相融，绿色、古色和红色相谐的旅游格局。作为国有文艺院团社会效益评价考核工作六个试点省市之一，湖南获得文化和旅游部肯定并在全国经验交流会上作典型发言。省、市、县三级文化市场综合行政执法改革任务基本完成。成功创建长沙、岳阳、株洲、永州4个国家公共文化服务体系示范区、8个国家公共文化服务体系示范项目、14个省级现代公共文化服务体系示范区，县级文化馆、图书馆总分馆制建设完成率分别为138%、127%。出台了《湖南省实施〈中华人民共和国公共文化服务保障法〉办法》《湖南省红色资源保护和利用条例》，文旅法治建设得到加强。

今后，湖南将坚持守正创新，推动文化和旅游体制机制改革，全面推进文化和旅游领域治理体系和治理能力现代化。一是完善管理体制机制，切实加强党对文化和旅游工作的全面领导，调整和充实由省级领导担任组长的全省文化旅游发展领导小组。每年召开全省旅游发展大会，健全办会申报、奖补机制。加强考核激励，增加文化和旅游工作在真抓实干督查中的考核权重。推行国有景区所有权、管理权、经营权"三权分置"改革，对现有景区稳步开展法人治理结构改革，积极探索"集团+景区""景区+经营权租赁""景区+合资股份制"等多种改革创新模式，为景区注入新活力。二是创新市场运作机制，强化资源要素整合，打破区域分割、行业壁垒，引导资金、人才、技术等向优势区域集聚，把分散的文旅资源串成线、集成团、连成片。坚持市场配置资源，减少行政审批、促进行业自律，充分激发市场活力。引导景区开发遵循产业项目发展规律，发挥市场主体作用，推进投建运一体化，注重引入专业运营团队，注入优质资产，激发管理运营活力。三是建立富民共享机制，完善当地群众合理分享文化产业和旅游产业经营收益机制，让文旅产业助力乡村振兴，带动一方经济发展，造福一方百姓致富。

走在又一个百年征程，新时代的湖南文旅人将紧紧聚焦建设文化强省和世界知名旅游目的地这一目标，着力在真抓实干上下真功、出硬招、求实效，续写湖南文旅新篇章，为建设现代化新湖南作出新的更大贡献。

禹新荣　湖南省人民代表大会民族华侨外事委员会副主任委员

08 关键词

共同富裕

> 先**读**为快

共同富裕

治国之道，富民之始。

从共同富裕的历史源泉到现实实践，以习近平同志为核心的党中央提出的一系列有关共同富裕的新理念、新举措，从战略全局上为我们指明了方向。

依靠"闯、创、干"，湖南已为扎实推进共同富裕打下坚实基础。

推动共同富裕，提升就业质量和人民收入水平是根本。

促进共同富裕，最艰巨最繁重的任务仍然在农村。

三孩生育

从"双独二孩"到"单独二孩""全面二孩"，再到"放开三孩"，我国人口政策不断完善，这为人口与经济社会协调发展作出了积极贡献。

生育政策可以刺激生育意愿，但真正让生育意愿转化为生育行动，需要相关配套政策的及时跟进，需要政府、社会、家庭等各方主体的共同努力。

政府应为生育友好型社会构建助力，社会要形成支持三孩生育政策的整体氛围，家庭则应自觉承担和履行起相应社会责任。

养老服务难题

建设高质量的养老服务体系是破解养老服务难题的关键。

湖南已初步建立"居家为基础、社区为依托、机构为补充、医养相结合"的养老服务体系。

湖南的医养结合之路，应该建立在以人为本的基础上，将资源投向老年人生活发展的基层社区卫生体系，使医疗资源和养老资源有效整合。

在搭建老年人养老服务信息平台的基础上，应结合"互联网+"技术，充分运用现代信息技术实现智慧养老。

看得好病

看得好病是群众看病问题的核心诉求，是需要优先解决的重点。

深化县域综合医改，按照"县强、乡活、村稳、上下联、信息通、模式新"的思路，不断提升县域服务能力。

不能把看得好病理解为包治百病，从而把医疗服务的重心放到加大硬件投入、走高精尖的技术路线上去。

逐步提高医务人员的医疗服务性收入，破除不合理的灰色收入，是医改的一个重要方向。

着力点

奔向共同富裕,湖南怎么干?

在中国发展的壮阔历程中,走向共同富裕始终是温暖人心的目标。建成世界上规模最大的社会保障体系;脱贫攻坚战取得全面胜利,现行标准下近1亿农村贫困人口全部脱贫……就湖南而言,2020年,全省经济总量首次突破4万亿元大关,经济增速高出全国1.5个百分点。许多世世代代被贫困压得伸不直腰的村寨已和十八洞村、菖蒲塘村、沙洲村一样,告别贫困,走上了富裕的道路……底子厚了,钱包鼓了,扎实促进共同富裕有了更充沛、更强大的物质基础。中国奇迹之所以震撼人心,不仅在于规模和速度,更在于始终坚持共同富裕,让发展的阳光照进每个人的生活。

念好"民"字诀

早在新中国成立之初,毛泽东就强调:"现在我们实行这么一种制度,这么一种计划,是可以一年一年走向更富更强的,一年一年可以看到更富更强些。而这个富,是共同的富,这个强,是共同的强,大家都有份。"改革开放后,邓小平明确将共同富裕纳入社会主义本质的范畴,强调"社会主义的本质是解放生产力,发展生产力,消灭剥削,消除两极分化,最终达到共同富裕"。回首百年奋斗历程,党在团结带领人民进行新民主主义革命、社会主义革命和建设、实行改革开放的不同历史时期,始终坚持以人民为中心。

"治国之道,富民为始。"党的十八大以来,习近平总书记多次就如何扎实推进共同富裕发表重要讲话、做出重大部署。党的十九届五中全会更是在到2035年基本实现社会主义现代化的远景目标中,明确提出"全体人民共同富裕取得更为明显的实质性进展"。2021年10月,《求是》杂志第20期刊发了习近平总书记的重要文章《扎实推动共同富裕》。文章强调,"现在,我们正在向第二个百年奋斗目标迈进。适应我国社会主要矛盾的变化,更好满足人民日益增长的美好生活需要,必须把促进全体人民共同富裕作为为人民谋幸福的着力点,不断夯实党长期执政基础"。文章指出,共同富裕"总的思路是,坚持以人民为中心的发展思想,在高质

学典型

十八洞村：邀约在春天

作为中国"精准扶贫"理念的首倡地，十八洞村在脱贫攻坚战中提交了完美答卷：2017年2月，十八洞村名列湖南省第一批脱贫摘帽名单；村民年人均纯收入由2013年的1668元提升至2020年的18369元；因地制宜形成种养、苗绣、旅游等五大产业体系，村集体收入由2013年的几乎为零提升至2020年的200万元以上。

这个告别了千年穷困的深山苗寨，正以崭新的面貌向世人发出春天的邀约：力争2022年接待游客80万人次，实现旅游收入800万元，同时力争形成十八洞品牌系列产品10个，产值达1000万元以上。

量发展中促进共同富裕,正确处理效率和公平的关系,构建初次分配、再分配、三次分配协调配套的基础性制度安排,加大税收、社保、转移支付等调节力度并提高精准性,扩大中等收入群体比重,增加低收入群体收入,合理调节高收入,取缔非法收入,形成中间大、两头小的橄榄型分配结构,促进社会公平正义,促进人的全面发展,使全体人民朝着共同富裕目标扎实迈进"。

从共同富裕的历史源泉到现实实践,以习近平同志为核心的党中央提出的一系列有关共同富裕的新理念、新举措,从战略全局上为我们指明了方向。

念好"高"字诀

"促进全体人民共同富裕是一项长期任务",实现全体人民共同富裕的目标需要一个较长的历史过程。总的思路已定,具体怎么干?改革开放先行地区——浙江可为借鉴。2021年5月,《中共中央 国务院关于支持浙江高质量发展建设共同富裕示范区的意见》(以下简称《意见》)发布。《意见》指出,到2025年,浙江省推动高质量发展建设共同富裕示范区取得明显实质性进展。经济发展质量效益明显提高,人均地区生产总值达到中等发达经济体水平,基本公共服务实现均等化;城乡区域发展差距、城乡居民收入和生活水平差距持续缩小，低收入群体增收能力和社会福利水平明显提升，以中等收入群体为主体的橄榄型社会结构基本形成。到2035年，浙江省高质量发展取得更大成就，基本实现共同富裕。这份《意见》把高质量发展与共同富裕紧密联系在一起，说明我们要的高质量发展是不断满足人民日益增长的美好生活需要，而不是少数人的高质量生活。

《意见》还明确了六大方面举措：一是提高发展质量效益，夯实共同富裕的物质基础；二是深化收入分配制度改革，多渠道增加城乡居民收入；三是缩小城乡区域发展差距，实现公共服务优质共享；四是打造新时代文化高地，丰富人民精神文化生活；五是践行绿水青山就是金山银山理念，打造美丽宜居的生活环境；六是坚持和发展新时代"枫桥经验"，构建舒心安心放心的社会环境。条条举措都是着力解决发展不平衡不充分问题和人民群众"急难愁盼"问题，让人民群众获得感、幸福感、安全感更加充实、更有保障、更可持续。

共同富裕从浙江的探索，上升为全国的实践。2020年9月，习近平总书记来湖南考察，为湖南赋予了打造"三个高地"、践行"四新"使命、落实五项重点任务的时代重任，进一步为湖南擘画了宏伟蓝图。湖南省第十二次党代会旗帜鲜明地提出，坚定不移沿着习近平总书记指引的方向前进，在推动高质量发展上闯出新路子，为全面建设社会主义现代化新湖南而努力奋斗。

省第十二次党代会报告既聚焦就业、教育、医疗、社会保障等"老问题",也关注"全方位全周期健康服务""促进人口长期均衡发展"等"新变化";既有就业优先的战略安排,更有居民收入十年倍增计划、扩大中等收入群体行动计划的前提谋划;既有加快农村村小和小规模学校提质改造、加快优质医疗资源扩容下沉和区域均衡分布的现实之需,更有构建育儿友好型社会、完善养老服务体系的前瞻部署……这份顶层设计,旨在不断补齐经济社会发展中的短板,以高质量发展促进共同富裕。

沿着这样的宏伟蓝图接续奋斗,坚持既把"蛋糕"做大,又把"蛋糕"分好,在高质量发展中促进共同富裕,就一定能为湖南人民谱写"经济实力更强、治理效能更优、文明程度更高、生活品质更好、生态环境更美"的幸福新画卷,到2035年基本建成富强民主文明和谐美丽的社会主义现代化新湖南。

念好"闯"字诀

改革进入深水区,难啃的都是"硬骨头"。全体人民迈向共同富裕,需要破除的困难是深层次的困难。省第十二次党代会旗帜鲜明地提出"闯、创、干",就是号召三湘儿女赓续湖湘精神,大力传承忠诚、担当、求实、创新、勇毅的

列数据

湖南人均 GDP 超 1 万美元

2022年，湖南省十三届人大五次会议上正式宣告："2021年，湖南人均地区生产总值突破**1万美元**，达**10675美元**。"

"人均 GDP 超 **1** 万美元"

相当于每个湖南人在 **2021** 年创造的财富超过了 **1** 万美元

从宏观来看，2019年，中国人均GDP首次超**1万美元**，达到**10276美元**；2020年，中国人均GDP再次超**1万美元**

从局部来说，第七次全国人口普查数据显示，2020年共有北京、上海、江苏、福建、天津、浙江、广东、重庆、湖北、内蒙古和山东**11**个省市区人均GDP超过**1万美元**

从省内来看，2020年，长沙、湘潭、株洲、岳阳、常德**5**个城市人均GDP超过**1万美元**

此次湖南加入"人均 GDP 超 **1** 万美元"俱乐部，不仅意味着湖南的整体发展水平踏上了一个新台阶，更意味着政府可以将更多的钱用在民生上面，比如基础设施建设、教育医疗、文化旅游等，致力于共同富裕

精神基因，在解放思想中闯出新路子，在真抓实干中闯出新天地，紧紧依靠全省人民开创美好未来。

依靠"闯、创、干"，湖南已为扎实推进共同富裕打下坚实基础。2020年，全省经济总量首次突破4万亿元大关，经济增速高出全国1.5个百分点。许多世世代代被贫困压得伸不直腰的村寨，已和十八洞村、菖蒲塘村、沙洲村一样，告别贫困，走上了富裕的道路；10年间，全省基本养老保险参保人数从1937.66万人增加到5195.9万人……底子厚了，钱包实了，人民的生活更美好了。

越"闯"前路越宽。推动共同富裕，提升就业质量和人民收入水平是根本。根据《湖南省"十四五"人力资源和社会保障事业发展规划》，未来五年，湖南要实现更加充分更高质量就业，城镇新增就业325万人以上，城镇调查失业率控制在5.5%以内，开展各类职业培训275万人次。从共同富裕的角度来看，必须大力促进高校毕业生、退役军人、农村劳动力、就业困难人员等重点群体创业就业，清理取消限制灵活就业的不合理规定，支持和规范发展新就业形态，勇"闯"一片新天地。

"创"，就是探索建立推动共同富裕的体制机制和政策体系。聚力推动更高质量、更有效率、更加公平、更可持续、更为安全的发展，把扩大内需同深化供给侧结构性改革有机结合起来，畅通经济循环；坚持农业农村优先发展，加快推进农业农村现代化，构建新型工农城乡关系；努力创造高品质生活；建设全域美丽大花园，让绿色成为最亮丽的底色……使改革发展成果更多更公平地惠及全省人民。

社会主义是干出来的，共同富裕是奋斗出来的。促进共同富裕，最艰巨最繁重的任务仍然在农村。过去，湖南以十八洞村为代表的精准扶贫生动实践，为无数的贫困村、贫困户带去新的希望。现在，站在新的历史起点再出发，必须继续发扬"干"的作风，持续巩固拓展脱贫攻坚成果与乡村振兴有效衔接，深入实施产业就业富民行动、美丽乡村建设行动、乡村育才聚才行动、乡风文明铸魂行动、治理能效提升行动、基层党建引领行动"六大行动"，打造脱贫地区乡村振兴示范区，让"精准扶贫"首倡地这面旗帜在乡村振兴的新征程上高高飘扬，为共同富裕写好乡村发展的璀璨新篇章。

杨兴东　湖南日报评论员

着力点

如何推动三孩生育政策落地见效？

人口问题是"国之大者"。2020年，湖南人口出生率为8.53‰，为1950年以来新低；出生人口为56.64万人，是1962年以来首次跌破60万。育龄妇女数量减少，婚育成本显著上升，在现实的意义上挤压了人们的生育意愿。新冠肺炎疫情也给人们的生育观念、生育行为和生育水平带来影响。实施三孩政策需要出台或推进全面丰富的配套政策，聚焦住房、教育、彩礼、休假、养老等问题，切实解决"不愿生育"的现实痛点。

优化生育政策

近年来，随着经济社会的快速发展和人们思想观念的深刻变化，我国人口形势发生了极大变化。总的来说，出现了从过去的单纯人口数量多向"人口数量多、人口结构不优"兼具转变。当前，摆在我们面前的现实：一是人口结构不够合理，人口老龄化程度不断加深，老龄人口占比不断提高，老龄社会正在形成。二是少子化家庭越来越多，大众生育意愿不断下降，总和生育率水平下降明显，家庭小型化、不婚化等现象也不少。

与全国总的人口形势一样，湖南老龄人口占比较高，人口均衡发展也面临挑战。无论是60岁及以上人口的占比，还是65岁及以上人口的占比，都高于全国，属于典型的"老龄化地区"。

一方面，因为人口基数依然偏大，所带来的超大规模市场优势还将存在，但人口与资源、环境的关系仍然比较紧张，人口红利已经难以持续。另一方面，因为人口增长速度放缓，新出生人口数量不断下降，人口结构出现失衡，老龄人口比例过高，人口均衡发展面临挑战，亟须优化调整生育政策以便更好地促进人口长期均衡发展。

在这样的大背景下，放开生育即容许一对夫妇可以生育三个孩子的政策应运而生。从"双独二孩"到"单独二孩""全面二孩",再到"放开三孩",我国人口政策不断完善,这为人口与经济社会协调发展作出了积极贡献。生育政策的不断完善,释放了生育潜能,催发了生育行动,增加了生育人口数量。但总的来看,因生育意愿下降和生育文化剧变所带来的生育行动仍显不足,使得我国年新增出生人口数量近年来仍然不断下降,这也使得我国人口年龄结构出现失衡。

回应社会关切

生育政策可以刺激生育意愿,但真正让生育意愿转化为生育行动,需要相关配套政策的及时跟进,需要政府、社会、家庭等各方主体的共同努力。

从《中共中央 国务院关于优化生育政策促进人口长期均衡发展的决定》来看,关于三孩生育政策及其配套支持措施主要有：取消社会抚养费等制约措施,提高优生优育服务水平,发展普惠托育服务体系,降低生育、养育、教育成本,加强政策调整有序衔接,等等。

湖南在国家积极生育政策的整体框架下,对全省计划生育政策进行了优化调整。2021年12月3日,湖南省十三届人大常委会第二十七次会议经过表决,通过了新修订的《湖南省人口与计划生育条例》,就三孩生育政策进行了明确并全面推出了相关配套措施。总的来看,湖南三孩生育政策配

列数据

湖南三孩政策正式写进法规

2021年12月3日，湖南省第十三届人民代表大会常务委员会第二十七次会议表决通过了《湖南省人口与计划生育条例》，标志着湖南三孩政策正式写进法规。

1 一对夫妻可以生育3个子女。依法收养的子女和再婚夫妻再婚前生育的子女不合并计算

2 符合法定生育条件的夫妻，女方除享受国家规定的产假外增加产假60天，男方享受护理假20天

3 符合法定生育条件的夫妻，在子女3周岁以内，夫妻双方每年均可享受10天育儿假

4 产假、护理假和育儿假视为出勤

5 独生子女父母年满60周岁，因病住院治疗期间，其子女每年可累计享受15天的独生子女父母护理假，视为出勤

套支持措施响应了中央要求、回应了社会关切——

回应了婴儿照料难的关切。比如延长了假期，符合法定生育条件的夫妻，女方除享受国家规定的产假外增加产假60天，男方享受护理假20天；在子女3周岁以内，夫妻双方每年均可享受10天育儿假，这对于解决小孩照顾起到了较好的支撑作用。

回应了小孩托育难的关切。比如完善了普惠性托育服务，要求将婴幼儿照护服务纳入国民经济和社会发展规划，鼓励发展多种形式的婴幼儿照护服务机构和社区托育服务，不断提高家庭获得婴幼儿照护服务的可及性和公平性，等等。

回应了独生子女父母照料难的关切。比如进一步完善和持续推进独生子女奖励政策，独生子女父母年满60周岁，因病住院治疗期间，其子女每年可累计享受15天的独生子女父母护理假，独生子女家庭可继续按照规定享受相关奖励待遇，等等。

回应了子女教育焦虑的关切。比如在减轻育儿负担上，要求严格规范校外培训，进一步减轻义务教育阶段学生作业负担和校外培训负担，为因生育中断就业的女性提供就业培训公共服务，配租公共租赁住房给予适当照顾，为减轻教育"焦虑"开了药方。

应当说，不论是国家的三孩生育政策规定还是湖南的三孩生育政策配套支持措施，对于减轻生育负担、减少教育焦虑、推动生育政策落地都具有重要促进作用。

完善配套支持

受既往生育政策的影响，我国适龄生育人群不断减少，民众生育意愿不断下降，尽管现在容许一对夫妇生育三个小孩，但这一政策的落地见效仍需时日。湖南的三孩生育政策及配套支持措施，也需要根据生育实际情况进行评估调整，以便能更好地推动三孩生育配套支持政策落实落地。

配套支持政策宜在更加细化上下功夫。生育政策涉及方方面面，三孩能否生下来，能否让更多的家庭想生、敢生、能生，仍然需要进一步完善三孩生育政策，需要更多更细更有温度的三孩政策配套支持措施落实落地。比如，对于大中城市而言，受住房限购政策等的影响，如果生育三孩，不少家庭需要购买改善性住房。住房政策如何适应生育政策的此种需求，让三孩家庭购房有指标、住有所居，还需要进一步完善。又比如，税收政策一向是各种政策的催生剂，在促进经济发展和社会公平等方面发挥着重要作用。及早把生育三孩纳入税收支持的范畴，如何对生育三孩的家庭在个人所得税等方面给予更多的优惠，也需要进一步研究完善。

配套支持政策要在更加公平上下功夫。任何一项政策的制定，起点必须是公平的，起点公平是结果公平的前提，应该让所有人都可以同等享受政策。在三孩生育政策制定和配套支持措施实施中，也需要做到这一点。在当前的三孩生育政策配套支持措施中，对独生子女父母的照顾被纳入范围，这是我国生育政策延续性和保护性的重要体现，也是对过去执行计划生育政策的一种鼓励和肯定，无疑是非常必要的。但是，随着人口老龄化程度的不断加深，各地在出台配套支持措施时，对于独生子女有15天假期的政策也还可以更完善一些。设置独生子女照顾父母的护理假，其目的是解决独生子女父母的照料问题。然而，老龄化是普遍的社会现象，多子女家庭的老人也需要照顾，建议在后续政策完善中，应以需要照料的老龄人口为对象来设置护理假，以体现对老龄人口的关怀。

配套支持政策需在更加灵活上下功夫。一方面，在生育政策制定完善之前，要尽可能多地咨询适龄婚育人口、专家学者的意见建议，使生育政策尽可能符合实际、满足需求，更好地回应想生二孩、三孩家庭的生育政策需求。另一方面，在三孩生育政策实施之后，要注意做好政策评估工作，多问问三孩家庭对未来生育政策改善的需求，使生育政策更好地服务更多家庭。

配套支持政策应在更加落地上下功夫。三孩生育政策的落地，无疑需要各方面的支持配合。政府应为生育友好型社会构建助力，社会要形成支持三孩生育政策的整体氛围，家庭则应自觉承担和履行起相应社会责任。当然，三孩生育政策的真正落地，离不开用人主体对生育配套措施的接纳与认可。下一步，应该在推动政策的落实落地上下功夫，加强政策督导，让生育政策公平地惠及每一个生育主体，真正让更多人想生、敢生、能生。

人口发展是关系中华民族永续发展的大事。实施三孩生育政策及配套支持措施，不是简单的"两孩"变为"三孩"，而是着眼长远、增强经济社会整体活力。进一步优化生育政策及配套支持措施，或许改变的不只是人们的生育观念，而是推动这个社会更加尊重生育、尊重育龄妇女，让发展更加文明。

何绍辉　湖南省社会科学院社会学研究所副所长、研究员

着力点

如何破解养老难题？

第七次全国人口普查数据显示，湖南常住人口中，60岁及以上人口为13211281人，占19.88%，其中65岁及以上人口为9842067人，占14.81%。与第六次全国人口普查相比，湖南60岁及以上人口的比重上升5.34个百分点，65岁及以上人口的比重上升5.04个百分点。按照国际通行划分标准，当一个国家或地区65岁及以上人口占比超过7%时，意味着进入老龄化；达到14%，为深度老龄化；超过20%，则进入超老龄化社会。这就是说，目前湖南已经进入深度老龄化阶段。

随着人口的不断老龄化，如何解决养老难题，提高养老服务质量，满足老年人对美好生活的需要，已成为各级政府和社会各界关注的焦点。湖南省第十二次党代会强调，要深化健康湖南建设，建立健全养老服务体系，让老年人安享晚年。实现这一目标的关键是建立科学合理的高质量养老服务体系，促进养老服务朝责任共担、合理分工、优势互补方向发展。

建设高质量的养老服务体系

建设高质量的养老服务体系是破解养老服务难题的关键。新时代高质量养老服务，是通过优化供给结构、规范服务技术标准等多样化手段，提供符合老年人需求的养老服务，从而不断提升老年人满意度，最终达到维护老年人体面与尊严的目的。

高质量养老服务体系包含了以下三层含义：一是以需定供，养老服务质量高低应和老年人需求挂钩。二是主观性和客观性的统一。高质量养老服务不仅要达到老年人及亲属，甚至全社会的满意度，还要使养老服务的提供达到客观技术标准，是主观满意度和客观技术标准的统一。三是多层次性。老年人之间的差异性，决定了高质量养老服务具有层次性，是兜底性、普惠性和高端性服务三者有机结合的共同体。

目前，"居家为基础、社区为依托、机构为补充、医养相结合的养老服务体系"在湖南已初步建立，湖南在养老服务标准化建设、养老服务特色品牌打造、养老信息平台搭建和养老志愿服务提供等方面具有先进经验。湖南养老服务体系的建设在取得一定成就的同时，仍有发展的空间。从宏观来看，政府要明确自身的主导及职能定位，做好全省高质量养老服务体系的系统规划与顶层设计，组织制定并推进实施养老服务的规划，加强政策的前瞻性设计与法制建设。从中观来看，政府应当将湖南高质量养老服务体系建设作为一个整体进行系统性规划，以促进实现养老服务这一领域内相关法律法规以及政策文件的连贯协调，形成完整系统的养老服务政策体系。从微观来看，应充分调动民政厅、卫健委、老龄办、自然资源厅等部门的积极性，政策制定应考虑养老服务政策和社会保障政策、人口政策、医疗政策等的连贯性。政府在对经济社会发展和土地利用这两项内容制定规划时，应当将养老服务建设用地纳入整体养老服务规划，为养老服务设施的建设预留一定的空间。

促进养老服务均衡发展

当前，老龄健康已融入全省经济社会大局统筹规划，并被纳入重点民生工程推动实施，但养老服务城乡发展不平衡和养老服务内容发展不平衡等问题仍然存在。

湖南城区的养老服务设施、服务人员、服务质量优于农村。在一些规模较大的城区，养老机构尤其是公办养老机

学典型

湘潭市雨湖区打造"15分钟社区养老服务圈"

　　从2021年起,湘潭市雨湖区推进"党建+雨湖康养"三年行动计划,提出打造"15分钟社区养老服务圈"。

　　当前,雨湖区已建立综合养老服务机构8家,并同步在社区试点建设日间照料中心、全托养老机构,保证老人入住养老机构的距离在离家步行15分钟之内。至2021年底,雨湖区"1+N+X"社区居家养老服务体系已具雏形:"1",即街道综合养老服务中心;"N",即若干个社区养老服务机构;"X",即多个家庭单元。

李健 摄 湖南图片库

构，凭借其较低廉的价格和较优良的服务，往往出现养老床位供不应求的情况。而农村养老服务基础薄弱，农村老年人的购买力不高，使得农村养老机构床位空置率很高，经常出现"床位闲置"的现象。因此，促进养老服务在城乡之间的均衡发展，要重点向农村地区养老服务发展倾斜。要不断改善农村地区的养老基础设施及环境，充分发挥乡镇养老院、敬老院、幸福院等供养机构保障特定和老年群体养老服务的作用，努力构建农村互助式养老服务体系。

同时，由于湖南老年人口增速快，高龄空巢趋势明显，老年人健康状况堪忧，慢性病已经成为影响老年人群健康的主要因素。湖南约70%以上老人患有高血压、糖尿病等慢性疾病。同时，全省失能和半失能老年人口逐年增加，需要通过便捷的方式获取专业的、适宜的医疗和护理服务。尽管湖南先后在多个县（市、区）开展医养结合试点，但养老和医疗两块资源并未深度整合，大部分养老机构提供的养老服务集中在助餐助行、助浴助洁等生活照料服务上，音乐、书法、棋牌等文化娱乐服务，聊天陪伴等精神慰藉服务缺乏，在医疗护理服务上，仅能提供量体温、量血压、做健康操等简单的医疗护理服务，老人生病后，仍需去医院挂号就诊。

因此，应有效整合医养服务资源，加大基层社区的卫生体系投入。湖南的医养结合之路，应该建立在以人为本的基础上，将资源投向老年人生活发展的基层社区卫生体系，使医疗资源和养老资源有效整合。此外，针对老年人的医疗保健不仅要强调治愈，还需要长期的保健护理，特别是老年人长期护理服务、老年人康复服务、老年人疗养服务等。

加强养老服务人才队伍建设

加强养老服务人才队伍建设，是积极应对人口老龄化国家战略、提升养老服务整体水平、推动养老服务高质量发展的必然要求。

为了解决湖南养老服务护理人员总量不足和专业化程度偏低的问题，需建立畅通的职业晋升渠道和工资激励制度。对湖南的养老服务机构实行持证上岗制度，并建立定期岗位轮换制度，按照专业技能、职业资格证书、工作年限等因素对护理员进行评级，同时允许高级护理员在一定工作年限后转岗至管理岗位。

应构建标准化的人员培训和考核机制。依据专业标准建立健全全省统一的教育教学大纲及考核机制，实行内外部培训、岗前岗内培训相结合的方式对原有的非专业服务人员进行培训、考核与继续教育，确保所有的老年服务从业者明确岗位的职业道德规范并掌握大纲规定的老年人照料专业技能。

要发挥社会组织对志愿者队伍的整合作用。建立政府与社会组织分工合作的伙伴关系，将分散的志愿者整合成具备一定专业素养的社区志愿者队伍；探索"社工+志愿者"养老服务模式，以社工直接提供志愿服务、社工发动志愿者提供志愿服务两种方式为主，逐渐探索出"社工+志愿者"的养老服务人才队伍联动机制。

推进养老服务系统升级

养老服务信息平台是整合老年人服务需求的重要媒介，也是推动养老服务供需实现精准对接的重要桥梁。在搭建老年人养老服务信息平台的基础上，应结合"互联网+"技术，充分运用现代信息技术实现智慧养老。

要推动传统养老方式向互联网养老方式转变。在养老产品设计中融入互联网养老理念，加强体验式、迭代式养老产品的开发和营销，培育老年人消费互联网养老产品的理念和习惯。把"互联网+"养老所主张的集群化、个性化体验式的养老理念注入传统养老模式之中，加深并拓宽互联网嵌入养老服务领域的深度和广度。

应构建整合型智慧养老服务系统。整合各方资源，探索建立湖南智慧养老服务体系，推动实现养老服务的多样化、智能化、专业性管理。对老年人的个性化养老需求进行一定程度的预测，利用相关智能平台在养老服务供给方和老年人

列数据

"数"说养老

- 至2021年,湖南已建成养老机构**2403**所,城市日间照料中心、农村幸福院等基层养老服务设施**2.9万**个

- 预计2022年底前,全省将建立**15**个以上以职业院校、养老机构等为依托的省级养老护理员培训基地,培训**1000**名以上养老院院长、**10万**名养老护理员和**5000**名以上专兼职老年社会工作者

- 建立基本养老服务清单,实施特困人员供养服务机构提质升级三年行动计划
- 加快乡镇、街道综合养老服务中心和社区日间照料机构等社区养老服务设施建设
- 全面推行养老护理员等就业技能培训、岗位技能提升培训、转岗培训和创业培训

之间搭建起快速匹配通道。借助养老云，实现对老年人位置、健康、提醒服务的实时监测，全程记录老年人养老服务过程；促进服务反馈评估机制的建设与完善，保障老年人享受更高质量的健康护理、拥有更高质量的养老服务体验。

健全养老服务监管机制

在养老服务体系建设与完善过程中，政府不仅需要扮演服务提供者的角色，还应当承担组织协调者的任务。在社会组织管理中如果存在政府"越位"与"缺位"状况，或处于多头管理状态，将使社会组织难以在养老服务市场中发挥有效的补充作用；或政府对社会组织参与养老服务市场有效监管不到位，都不利于推动养老服务规范化、高质量发展，还容易导致民事纠纷发生，降低老年人晚年幸福感。因此，应建立政府与市场有机结合的运行机制。

在参与养老服务供给的同时，也需要致力于营造公平透明的市场竞争环境。政府还应推动市场机制的发挥，推动实现养老服务产业化，最终形成政府把握好宏观调控、社会力量积极主动参与、市场机制灵活调控的湖南养老服务高质量运行机制。

健全养老服务市场监管机制从准入、监管与退出等方面入手。在服务提供者申请加入养老服务市场时，对资格考量应该要严格把关；定期对各养老服务机构进行检查，根据养老服务评价与检测指标体系对养老机构的运作条件进行考核及评估，积极构建由政府监管部门、第三方组织、企业、新闻媒体和消费者等主体所共同组成的养老服务监管网络体系；完善养老服务市场退出机制，养老服务机构在退出养老服务市场时，应提前向相关部门备案，严格退出手续办理，保障养老服务市场的良好秩序。

稳步推进长期护理保险制度

探索建立长期护理保险制度，是党中央、国务院为应对人口老龄化、健全社会保障体系作出的一项重要部署。按照党中央、国务院部署，自2016年起，国家组织部分地方积极开展长期护理保险制度试点，在制度框架、政策标准、运行机制、管理办法等方面进行了有益探索，取得了初步成效。2019年，政府工作报告提出要扩大长期护理保险制度试点工作，强调继续探索建立长期护理保险制度。

湘潭是国家扩大长期护理保险制度试点城市，湖南可借鉴首批试点地区开展长期护理保险试点的相关经验，总结湘潭模式和框架构建，更加侧重因地制宜、立足实际、放眼未来、稳步推进长期护理保险制度，为尽快正式出台和实施这项制度打好基础。

"其生有序,则万物兼济;其老有安,则天下太平。"以答题的姿态、奔跑的速度,打造适应新时代需要的升级版养老模式,以"老有所养,老有所乐,老有所为",擦亮全面小康的幸福底色。

孙建娥　湖南师范大学公共管理学院教授、博士生导师

着力点

如何缓解群众"看病难、看病贵"难题?

　　基因检测费高、药占比较高、挂号时间长、检查时间长、停车难……一直以来,"看病难、看病贵"是群众反映最多的问题。民有所呼,必有所应。近日,一段关于国家医保药品目录谈判现场的视频在网上引发热议,人们被医保谈判代表晓之以理、动之以情的"灵魂砍价"打动。罕见病患者的用药一直是国家医保药品目录调整过程中重点关注的品种,从2019年国家医保药品目录常态化调整以来,每年都会有罕见病用药品种通过谈判的方式,大幅降价后进入医保药品目录，累计达到58种。推进药品和耗材集中带量采购是医药卫生体制改革的重要举措之一。

习近平总书记强调，无论社会发展到什么程度，我们都要毫不动摇地把公益性写在医疗卫生事业的旗帜上。湖南深入贯彻习近平总书记关于卫生与健康的重要论述，向民生领域突出问题"亮剑"，推出多项措施化解群众"看病难、看病贵"，通过推进"互联网+医疗健康"、促进社会办医持续健康规范发展等相关领域改革，增强医改的系统性和协同性，打好深化医改"组合拳"，用心用情解决群众"急难愁盼"问题。

如何让人民群众看得好病？

看得好病是群众看病问题的核心诉求，是需要优先解决的重点。看得好病，需要优质的医疗资源，软件是高水平的医务人员，硬件是先进的医疗设备设施。这些年，通过医疗卫生服务体系建设、高水平医院建设、医联体医共体建设等举措，专科共建、临床带教、业务指导、科研和项目协作等方式，各级特别是基层医疗服务能力有了很大提升。但要更好地解决群众看得好病这一问题，还需要进一步加大改革力度。

进一步促进优质医疗资源扩容和均衡配置。统筹推进

"1+1+10"委省共建国家医学中心和国家区域医疗中心建设，加快推进引领医学发展的国家重大研发与转化平台、国内顶尖国际一流的现代化医院建设，争取更多全国层面的高水平医疗资源在湖南落地。考虑病种流向等因素，合理布局省级优质医疗资源扩容下沉项目、重大疫情救治基地和中医特色重点医院，促进优质医疗资源均衡配置、共享利用。

进一步加强资源和服务整合。持续推进城市医疗集团建设，每个市州组建一家以上网格化服务运行，防、治、康、管分工协同的紧密型城市医疗集团。紧密型县域医共体建设试点县要围绕建立责任共同体、管理共同体、服务共同体，加快改革步伐。在医疗资源相对缺乏地区推行"医疗集市"，不断拓展远程医疗服务覆盖面。

进一步提升基层医疗服务能力。深化县域综合医改，按照"县强、乡活、村稳、上下联、信息通、模式新"的思路，不断提升县域服务能力。财政投入主要用于基层医疗卫生机构房屋修缮和医疗设备配备，加大基层医疗机构新招录本土化人才培养力度，持续改善基层医疗条件；加强对基层医疗卫生机构特色专科专病门诊建设指导，推动全省更多基层医疗卫生机构达到国家"基本标准"，争取达到"推荐标准"。

需要指出的是，不能把看得好病理解为包治百病，从而把医疗服务的重心放到加大硬件投入、走高精尖的技术路线

学典型

"家门口"就医更舒心

"老百姓在乡镇卫生院就能动手术，谁还往县城里跑？你看我这个疝气手术，只花了 150 多块钱，方便实惠！" 2021 年 11 月 22 日中午，蓝山县楠市镇卫生院，59 岁的黄万启高兴地办好了出院手续。这是蓝山县破解"家门口就医"难题，全力推进县域医共体建设的完美缩影，也是湖南不断深化医改、完善政策体系、加大投入力度、创新工作举措的重要成效。尤其是 2019 年和 2020 年，省委、省政府围绕让人民群众"就近有地方看病、有医生看病"目标，连续两年将"基本消除村卫生室'空白村'、县域二甲公立医院全覆盖、每所乡镇卫生院 2 名全科医生全覆盖"列为省政府重点民生实事项目，让民众"家门口"就医更舒心。

何红福 摄 湖南图片库

上去。优质医疗资源永远是相对的、有限的、昂贵的，所以要坚持将投入的重点用于基本医疗卫生服务，做实基本公共卫生服务，通过专业化的医疗服务和社会组织的有效结合来实现看得好病的目标。要在高血压、糖尿病等慢性病防治取得明显成效的基础上，进一步推进公共卫生机构与医疗机构在慢性病防治方面的业务融合，推进基层医防融合扩面提质。

如何让人民群众看得起病？

我国虽然已经全面建成小康社会，但是仍处于社会主义初级阶段，脱贫的基础还不稳固，多数国人还不富裕，看病贵的问题仍然比较突出，因病返贫的现象仍然存在。造成看病贵的原因主要有三个方面：一是长期"以药养医"造成药品和医用耗材价格虚高；二是不合理医疗行为造成医疗额外支出增加；三是由看病带来的陪护、交通、住宿等其他费用增加。经过几年来的改革治理，这些问题虽然有所缓解，但是仍不同程度存在。

破解看病贵问题，确保群众负担总体稳定、医保基金可承受、公立医疗机构健康发展可持续，需要综合施策、多方着力。

深化公立医院综合改革。全面落实《湖南省推动公立医院高质量发展实施方案》，加快实现公立医院发展方式、运营模式、资源配置"三个转变",打造一批公立医院高质量发展示范医院。加快建立现代医院管理制度,加强医疗机构规范化、专业化、精细化管理,完善内部控制制度,以管理降成本、优服务、提效能。同时,要全部取消药品和耗材加成,破除"以药补医"机制;常态化制度化开展药品耗材集中带量采购工作,逐步扩大采购范围,挤掉药品虚高价格水分;积极落实国家基本药物制度,完善药品供应保障制度,做好短缺药品保供稳价工作。

健全医疗保障制度。稳步提升医疗保障待遇,有效减轻参保患者医疗费用负担。深入贯彻落实《湖南省医疗救助办法》,完善医疗救助制度,充分发挥医疗救助托底保障功能,最大限度防止困难群众因病返贫、因病致贫。用好新医保支付方式"指挥棒",在深化湘潭、郴州DRG(疾病诊断相关分组)付费和常德、益阳、邵阳DIP(基于大数据与病种)分值付费改革试点的基础上全面推开,积极探索对紧密型县域医共体实行医保资金总额付费,结余留用、合理超支分担,积极探索中医优势病种门诊和住院按病种收付费管理。推进跨省异地就医直接结算,尽快实现全省所有统筹地区普通门诊费用跨省直接结算和医保个人账户电子凭证"全省通用"。

切实规范医疗服务行为。深入推进过度医疗界定标准体系建设,健全完善"不合理检查、不合理用药、不合理治疗"

列数据

展望健康湖南

到 **2025** 年，"大卫生、大健康"工作格局稳步构建

公共卫生安全保障和医疗服务能力大幅提升

多层次医疗保障体系初步建立

医药供应保障制度不断健全

卫生健康治理效能显著提高

健康产业竞争力有效增强

有利于健康的生态环境、社会环境进一步优化

人人享有更优质量的健康服务和更高水平的健康保障

居民健康水平持续改善

人均预期寿命达到 **78.6** 岁

婴儿死亡率、5 岁以下儿童死亡率、孕产妇死亡率等主要健康指标持续优于全国平均水平

展望 **2035** 年，健康湖南建设将高质量完成，卫生健康事业综合实力和发展质量跻身全国第一方阵，人民身心健康素质全面提升，人均预期寿命达到 **80** 岁左右，主要健康指标达到全国一流水平，健康公平基本实现。

界定制度办法，建立完善医疗质量控制体系。探索按床日付费、门诊按人头付费等举措，倒逼医疗机构规范医务人员诊疗行为。加强医疗卫生行业综合监管，开展不合理医疗检查专项治理，将规范医疗行为纳入纠正医药购销领域和医疗服务不正之风工作重点任务，在全省医疗机构全面推行巡查、点评、约谈、通报、处罚"五项机制"，集中整治行业乱象。

此外，要以获批建设国家中医药综合改革示范试验区为契机，以较低费用取得较大健康收益为目标，加大中医药体制机制改革创新，提升中医药服务能力和覆盖面，充分发挥中医药"简便验廉"和"治未病"优势，让中医药服务全方位全周期护航群众健康。

需要指出的是，逐步提高医务人员的医疗服务性收入，破除不合理的灰色收入，是医改的一个重要方向。这几年，通过落实"两个允许"（允许医疗卫生机构突破现行事业单位工资调控水平，允许医疗服务收入扣除成本并按规定提取各项基金后主要用于人员奖励）的要求，逐步建立"公益一类保障与公益二类激励相结合"的运行新机制，完善激励相容、灵活高效、符合医疗行业特点的薪酬制度等，有序进行多轮医疗服务价格调整和优化，医务人员获得感进一步增强，医疗服务质量和水平不断提升，但是要严防公立医院医疗费用和医疗服务价格不合理增长。今后，要持续深化医疗服务价格改革，深化薪酬制度改革，建立合理补偿机制，规范医务人员收入分配秩序，合理引导薪酬预期。

如何让人民群众好看病、病好看？

让人民群众好看病、病好看属于更高层面的诉求，主要包括能够就近看病、就医环境优化、服务质量优美、服务体验舒适等方面。"就近"意味着方便，意味着人地两熟，意味着减少看病支出。长沙率先实现"1530就医圈"，城市居民步行15分钟、农村居民步行30分钟可到最近医疗机构就医。但要在全省范围内做到让老百姓敢、愿、能在基层医疗机构看病，实现好看病、病好看的目标，还有不少工作要做。

积极推进分级诊疗制度建设。按照"区域分开、城乡分开、上下分开、急慢分开"的改革思路，以重大疾病为方向，以能力建设为重点，强化不同层级医疗机构联络、联合、联动，围绕"大病重病在本省解决、常见病多发病在市县解决、头痛脑热在乡村解决"目标，继续推广"县治、乡管、村访"分级诊疗模式，加快形成"基层首诊、双向转诊、急慢分治、上下联动"的有序就医新格局。要进一步提升家庭医生签约服务质量，落实签约居民在就医、转诊、用药、医保等方面的差异化政策。积极试点社区医院建设。

加强医德医风建设。大力弘扬伟大抗疫精神和崇高职业精神，唱响大医精诚、医者仁心主旋律，重塑白衣天使形象，以充满人文关怀的医疗服务赢得患者、社会的信任和尊重，为医疗改革营造积极健康的氛围。健全法律法规，严厉打击医闹行为，给予医生这个"生命保护神"应有的尊重和礼遇。

强化患者需求导向。健全现代医院管理机制，以患者为中心，优化服务流程和体验，在门诊设立一站式服务中心，规范医疗机构和医务人员诊疗行为，遵循临床诊疗技术规范。在大型三级医院推行"日间手术""预住院"管理模式，持续降低平均住院日。应用"大智移云"等新技术，深入推进"互联网＋医疗健康"，全面启动"互联网＋护理服务"试点，做好医患沟通交流，增进和谐医患关系，持续改善群众就医服务体验。

持续深化"放管服"改革。以"一件事一次办"改革为统领，持续推出一系列公共卫生服务便民惠民措施，不断提升群众获得感幸福感安全感。鼓励和支持社会办医，简化审批程序，加强政策支持，建设一批"花园式"医院，满足群众多样化、多层次的健康需求。

当前，全面深化改革到了更加注重系统集成、协同高效的阶段。深化医药卫生体制改革要坚持系统观念和实践标准，朝着看得好病、看得起病、好看病、病好看的目标聚焦发力，注重综合效果，既要避免单兵突进、政策分解谬误，也要避免简单叠加、政策合成谬误，让各项改革相得益彰，发生化学反应，激发整体效应，为人民群众提供全方位全周期健康服务。

新中国成立之初，我国在缺医少药的情况下取得了显著的医疗成绩，得益于创造了一条符合国情的医疗卫生事业发展路线。党的十八大以来，我们创造性地继承发扬了这条行之有效的路线，相信只要笃行不怠、坚持不懈，把医疗卫生服务"小处方"与社会整体联动"大处方"有效结合起来，就一定能够解决好人民群众"看病难、看病贵"问题。

史海威 中共湖南省委全面深化改革委员会办公室督察处处长

09 关键词

美丽湖南

先读为快

碳达峰、碳中和

碳达峰，是指二氧化碳年排放总量在某个时期达到历史最高值，达到峰值之后进入逐步下降阶段。

碳中和，是指通过植树造林、节能减排等形式抵消二氧化碳的排放，实现二氧化碳的"零排放"。

中国二氧化碳排放力争于2030年达到峰值，努力争取在2060年实现碳中和。

整体提升全域生态质量

科学开展国土绿化行动，实施长（珠）江防护林、退耕还林、国家储备林等重点工程，建设30条省级生态廊道，加快建设国家林木种质资源设施保存库湖南分库。

系统实施湿地综合治理，实施洞庭湖生物多样性与可持续发展利用项目，巩固拓展"四水"流域退耕还林还湿试点成果，加快修订《湖南省湿地保护条例》。

全面促进脆弱区生态修复，开展衡邵干旱走廊生态保护修复，加快困难立地地区的复绿进程。

迎接"双碳"大考

持续推动重点领域低碳发展。

推动实施 EOD（生态环境导向的开发）模式，搭建湖南碳金融、碳减排、碳交易等绿色数据共享平台。

不断增强农业、林业和湿地碳汇。

持续推进国际低碳绿色合作。

建设全域美丽大花园

逐步构建以国家公园为主体、自然保护区为基础、各类自然公园为补充的自然保护地体系。

传承乡村生态文化，加强原生植被、古树名木、小微湿地保护，保持乡村原始风貌，真正留住乡情、记住乡愁。

加强科技平台建设，按照岳麓山实验室林业片区战略布局，加快建设木本油料资源利用国家重点实验室、中国油茶科创谷，着力打造全国一流的林业科技创新高地。

着力点

如何迎接"双碳"大考？

气候变化是当今人类面临的重大全球性挑战。中国政府庄重向全世界宣布，中国二氧化碳排放力争于2030年前达到峰值，努力争取在2060年前实现碳中和。湖南实现碳达峰和碳中和目标将面临能源需求持续增长、高碳化能源结构和重型化产业结构带来的三大挑战，以及时间紧、任务重的严峻形势。但也要看到，在碳中和背景下，碳排放达峰将是湖南全面落实"三高四新"战略定位和使命任务、打造国家重要先进制造业高地的重大机遇。湖南按照国家有关部署，在"双碳"目标总体布局下，正在加紧制订碳达峰、碳中和"1+1+N"政策体系（《关于全面贯彻新发展理念　做好碳达峰碳中和工作的实施意见》+《湖南省碳达峰实施方案》+28项《碳达峰碳中和分行业分领域政策制度和保障措施》）。

调整优化能源和产业结构

严控煤炭消费增长，重点削减散煤、锅炉、工业炉窑等非电用煤，在保证能源安全的前提下，禁止新建自备燃煤机组，严控工业和农村煤炭散烧。推动能源供给体系清洁化、低碳化和终端能源消费电气化。加快工业、建筑、交通等领域电气化发展，推行清洁能源替代。逐步改善农村用能结构，提倡使用太阳能、液化石油气、电等清洁能源，大力发展沼气。加大浅层地热能开发力度，推广浅层地热能规模化应用。对新改扩建煤电、石化、化工、钢铁、有色冶炼、建材等"两高"项目，严格落实国家产业规划、产业政策、"三线一单"、环评审批、节能审查以及煤炭消费减量替代、污染物削减替代等要求。禁止新建包括产能置换项目在内的长流程钢铁冶炼项目，严禁新增焦化、水泥熟料、平板玻璃、电解铝产能，严控新增炼油产能。

讲故事

长江中游城市群共同认领"碳中和林"

2021年10月15日,浏阳市沙市镇团农村一片郁郁葱葱的松阔混交林前,竖起了一块"2021长江中游城市群碳达峰碳中和峰会碳中和林"的牌子,其后一排整齐的松树树干上,挂上了27个长江中游城市及周边地区的名字,代表着长江中游城市群凝心聚力,共同助力国家实现"双碳"目标。

这是2021长江中游城市群碳达峰与碳中和峰会开幕前的一个仪式,也是秉承绿色办会理念,营造绿色环境、助力碳中和的实际行动。

以植树造林和认领生态林的方式中和碳排放,是国际高规格会议的通行做法。相较于工业固碳、减排技术,林业碳汇具有投入少、成本低、碳汇量大、生态附加值高等优势,是国际社会公认的碳中和最经济有效的手段。

持续推动重点领域低碳发展

全省化石燃料燃烧碳排放约3亿吨，其中农业、能源加工转换、工业、交通、建筑5大领域碳排放占比分别为4.8%、24.1%、41.7%、15.9%和13.5%。在工业领域，实施绿色制造工程，引导企业改进和优化产品及包装的设计方案，探索产品设计、生产、销售及回收利用全生命周期绿色低碳化，加快推进工业领域源头减排、过程控制、末端治理、综合利用全流程绿色发展。在交通领域，加快推进促进大宗货物和集装箱等中长距离运输向铁路、水运转移；加快新能源汽车发展，推动老旧车辆和非道路移动机械替换为新能源车辆和机械，开展中重型电动、燃料电池货车示范应用和商业化运营。在建筑领域，优化城镇布局，合理控制城镇建筑总规模，加强建筑拆建管理，禁止大拆大建，多措并举提高绿色建筑比例，加快建设"光储直柔"一体化建筑，推广光伏建筑一体化应用。建好郴州国家可持续发展议程创新示范区和岳阳长江经济带绿色发展示范区。

大力推进减污降碳协同控制

统筹碳达峰、碳中和在生态环境保护领域的相关工作，系统推进山水林田湖草沙系统治理，强化生态环境质量改善对能源和产业结构调整的引导作用，将减污降碳协同增效落实到生态环境保护中，主要污染物排放量持续减少，实现减污与降碳、改善环境质量与应对气候变化协同增效。到2025年，全省水环境全面消除劣V类水体，洞庭湖总磷浓度持续下降；环境空气质量优良天数比例达到91.8%，重度及以上污染天数比例控制在0.2%以下；土壤污染环境风险得到有效管控，土壤安全利用水平巩固提升；森林覆盖率不降低；单位地区生产总值二氧化碳排放量降低18%左右；开展低碳城市、低碳工业园区、气候适应型城市试点示范，推进长株潭地区"三区四群"建设；初步形成污染物与碳排放协同管理的机制体制，减污降碳协同控制得到有效提升。

积极引导绿色投资和融资

创新环保资金投入机制，大力发展绿色金融。加强政银企合作，引导银行等金融机构加大绿色信贷投放力度，支持企业发行绿色债券募集资金，鼓励金融机构对碳达峰重点工程给予多元化融资支持。创新绿色金融产品，开展碳资产质押贷款等金融服务。探索运用金融科技手段，推动实施EOD（生态环境导向的开发）模式，搭建全省碳金融、碳减排、碳交易等绿色数据共享平台，实现政府、企业、金融机构、金融监管部门间信息共享。鼓励金融机构开展节能减排专项贷款、国际碳保理融资、碳收益支持票据等产品创新。

不断增强农业、林业和湿地碳汇

积极发展生态循环固碳农业，提倡冬田撒石灰等传统农艺，推广秸秆还田、绿肥种植、有机肥增施，提高土壤有机碳含量，增加农业土壤碳汇。加强湘、资、沅、澧四水上游及两岸天然林保护、公益林建设和造林绿化，持续增加森林面积和蓄积量。推进东洞庭湖、西洞庭湖、南洞庭湖等国际重要湿地，宜章莽山浪畔湖、衡南江口鸟洲等国家重要湿地及其他国家湿地公园的保护修复，提高湿地的固碳量与固碳效率。开展国土绿化行动，加大森林、草原生态系统修复力度，增加生态资源总量。大力实施山地、坡耕地、城市、乡村、通道、沿江湖（河）"六大森林"建设，加快构建严格保护森林资源的治理体系，着力提升林业碳汇质量和稳定性。

全面倡导绿色低碳生活方式

加大政府绿色采购力度，扩大绿色产品采购范围，积极引进实施碳标签制度，引导消费者购买低能耗及高能效产品；将勤俭节约、绿色低碳理念纳入国民教育体系，提倡"不铺张、不浪费、不污染、不破坏"，引导青少年参与生态、环保实践活动，提高全民的环境意识和绿色消费知识水平，推

列数据

湖南"风、水轮转"促"双碳"目标落实

近年来,湖南风电装机容量不断增长,以"风、水互补"更好助力国家"双碳"战略落实的局面正在形成。

截至 2021 年 11 月底,全省在建风电项目 **30** 个,装机容量 **170 万**千瓦;计划建设的风电项目 **17** 个,装机容量 **70 万**千瓦。

全省风电装机规模达 **750 万**千瓦,可再生能源发电量和利用率实现双提升,风电累计发电量 **134.65 亿**千瓦时,同比增长 **57.21%**。

广"碳普惠"制度。加强主要新闻媒体和网络媒体宣传力度，广泛开展节约型机关、绿色家庭、绿色学校、绿色社区、绿色出行、绿色商场、绿色建筑创建行动，营造低碳生活氛围，引导全民形成绿色低碳的生活方式。

加快绿色低碳技术研发应用

推进氢能冶金、炼化系统能量优化、可再生能源与建筑一体化，开展烟气超低排放与碳减排协同技术等重大绿色低碳技术研发应用。加快布局氢能、高端电磁能、新型动力等前沿技术，推动能源清洁低碳安全高效利用，加强绿色低碳技术创新，积极推进氢能等绿色低碳清洁能源在工程机械、新能源汽车、智能制造等领域应用推广。

持续推进国际低碳绿色合作

继续与主要国际组织进行对话磋商，在绿色低碳技术研发应用、绿色基础设施建设、绿色金融等领域开展务实合作。积极主办、承办各类国际低碳技术高峰论坛和研讨会，鼓励省内企业、园区与国外专家、经贸代表充分探讨合作。征集省内企业绿色低碳技术，向国内外专家、企业代表展示企业技术、产品和服务，为企业提供国际合作的机会。加强节能环保服务和产品出口，开展可再生能源、储能、氢能、

CCUS（二氧化碳捕获利用与封存）等绿色低碳领域科研联合攻关和技术交流。

  总之，在"双碳"战略背景下，湖南需加快制定出台《2030年前碳达峰行动方案》，进一步优化能源结构，推动产业结构持续优化升级，严格落实环境准入，打造全流程嵌入式监管机制。加快新型节能低碳技术、装备和产品的研发，不断壮大低碳环保产业。努力实现经济系统与生态环境系统的优化与整合，建立健全绿色低碳循环发展经济体系，促进湖南产业的绿色低碳转型与可持续发展。

邓立佳　湖南省生态环境厅党组书记、厅长

着力点

如何建设全域美丽大花园？

生态环境美不美，是衡量"十四五"开局美不美的一个重要指标。湖南省"一号重点工程"湘江保护治理全力推进，洞庭湖流域生态环境系统修复大刀阔斧，"十年禁渔"等一系列生态环境保护工作走在全国前列……近年，湖南全面贯彻习近平生态文明思想，牢固树立"绿水青山就是金山银山"的理念，坚定不移走生态优先、绿色发展之路，举措和成果令人瞩目。"十四五"时期，湖南将全面实施生态保护、生态提质、生态惠民，巩固提升森林、湿地生态系统功能，让绿色成为最亮丽的底色，为建设全域美丽大花园提供绿色支撑。

保护优先，全面守护核心生态资源

习近平总书记对湖南生态文明建设寄予厚望，要求"真正把生态系统的一山一水、一草一木保护好"。湖南将积极履行生态保护职责，切实守卫全省最精华的自然生态资源。

推动自然保护地体系建设。通过统一设置、分级管理、分区管控，逐步构建以国家公园为主体、自然保护区为基础、各类自然公园为补充的自然保护地体系。编制自然保护地总体规划，推进自然保护地整合优化，实现一个保护地一套机构、一块牌子。持续开展南山国家公园体制试点，妥善做好范围调整、机制理顺相关工作，力争早日正式设立。探索建立张家界国家公园、洞庭湖国家公园，优化国家公园整体空间布局。制定自然保护地建设项目责任清单，建立健全自然保护地监管制度体系。加快自然保护地规范化、法治化、标准化、信息化"四化"建设，有序解决保护地内生态环境问题，坚决制止各类违法违规开发建设行为。

加强生物多样性保护。健全野生动植物保护制度体系，加快修订《湖南省野生动植物资源保护条例》，稳步调整省重点保护野生动物、植物名录。全力推进县域生物多样性资源外业调查，实施豹、豺、野猪等物种生物多样性定点监测，加快建立生物多样性资源本底数据库。做好禁食野生动物后续工作，持续落实转产转型帮扶措施。加强麋鹿、云豹等珍稀濒危物种保护，实施华南虎野化放归、兰科植物保护等重点工程，稳步提升国家重点保护野生动物救护体系能力。强化生物多样性保护宣传教育，开展"爱鸟周""国际生物多样性日"等生态节庆活动。

完善林草资源监管。编制林地保护利用规划，严格执行林地定额管理制度，引导节约集约使用林地。抓好森林资源管理"一张图"年度更新，切实做到"多规合一"。推进森林督查和林地保护专项行动，严厉打击破坏林地林木资源的违法行为。编制《湖南省天然林保护修复中长期规划（2021—2035年）》，推动天然林、公益林并轨管理，强化古树名木保护。完善防火隔离带等基础设施，构建防灭火一体化工作体系，全力防范重特大森林火灾。抓实林业有害生物防治，坚决遏制松材线虫、松毛虫等病虫害蔓延势头。推进林草融合发展，探索开展国有草场建设，强化草原征占用监管。

系统治理，整体提升全域生态质量

习近平总书记勉励湖南"推动生态系统功能整体性提升"。湖南是绿色大省，不缺绿量，但缺绿质。湖南将统筹推进山水林田湖草沙系统治理，稳步提升森林、湿地生态系统的质量和稳定性。

科学开展国土绿化行动。推进部省共建科学绿化示范省建设，编制《湖南省科学绿化国土空间规划》。严格落实耕地"非粮化""非农化"要求，科学安排绿化用地，充分利用坡地、荒地、废弃矿山等国土空间开展绿化。实施长（珠）江防护林、退耕还林、国家储备林等重点工程，着力实现造林、造绿、造景、造福、造富有机统一的多重效应。推进国家草原自然公园试点，加大草地生态修复力度。建设30条省级生态廊道，有效连接重点生态功能区和重要保护地。加快建设国家林木种质资源设施保存库湖南分库，强化种苗结构调整、质量监管，确保良种使用率达90%以上。推广"互联网＋全民义务植树"新模式，不断丰富义务植树尽责形式。

系统实施湿地综合治理。编制《洞庭湖湿地生态保护修复总体规划》，开展南洞庭湖自然保护区杨树清理，积极修复杨树清理迹地。实施洞庭湖生物多样性与可持续发展利用项目，推进东洞庭湖、南洞庭湖国际重要湿地保护与恢复工程及三峡后续项目湿地保护修复工程，探索建立湿地生态效益补偿长效机制。巩固拓展"四水"流域退耕还林还湿试点成果，大力推进小微湿地保护建设试点，保护恢复一批乡村小微湿地，充分发挥湿地在农业面源污染治理中的作用。加快修订《湖南省湿地保护条例》，加强湿地公园和重要湿地

学典型

岳阳的生态答卷

2018年4月25日,习近平总书记到岳阳实地了解湖南推进长江经济带发展战略实施情况,嘱托"继续做好长江保护和修复工作,守护好一江碧水"。

巴陵岳阳与长江血脉相连,长江流经湖南境内的163公里岸线,全部在岳阳境内。"守护好一江碧水",岳阳当仁不让,市委、市政府将沿江环湖生态环境修复作为首要政治任务,打造集生态效益和景观效果于一体的"最美绿色长廊"。近年来,全市先后取缔长江、洞庭湖的全部39处非法砂石码头,整治长江岸线66.3公里,修复湿地生态8.6万亩。如今的长江岸线岳阳段,一片片生态防浪林和护堤林悄然生长,绿色浸染大堤两侧;往日喧嚣的码头已变成一坡绿地,野花摇曳生姿。

李 健摄 湖南图片库

建设管理，开展湿地生态监测评价，完善湿地分级管理体系，探索建立湿地生态效益补偿制度。

全面促进脆弱区生态修复。开展衡邵干旱走廊生态保护修复，实施武陵山区、南岭山地、湘桂岩溶地区生态保护修复等工程项目。通过工程造林带动面上造林、点上提质带动片上提质，着力提升防风固沙、水土保持、水源涵养等生态功能。加快困难立地地区的复绿进程，积极开展矿区、受污染地区等生态脆弱区生态修复，协同推进紫色土、沙化土等区域治理，探索林草修复治理新的治理机制与模式。

生态惠民，着力提供优良生态产品

习近平总书记指出："生态本身就是经济，保护生态就是发展生产力。"湖南将充分发挥生态资源优势，着力将生态效益转换为经济效益、社会效益，不断满足人民群众的美好生态需求。

助推乡村振兴。坚持脱贫不脱政策，继续加大对脱贫地区的政策、资金、产业、科技倾斜支持力度，巩固生态脱贫成效，推进全面脱贫与乡村振兴有效衔接。开展基层林业站标准化建设，发挥其在乡村振兴中的示范带动作用。传承乡村生态文化，加强原生植被、古树名木、小微湿地保护，保持乡村原始风貌,真正留住乡情、记住乡愁。

发展绿色产业。因地制宜发展特色产业,大力推动油茶、竹木、生态旅游和森林康养、林下经济、花木五大千亿产业发展。发展油茶产业,持续实施油茶低产林提质改造和茶油小作坊转型升级两个三年行动计划,建设一批优质高产油茶林基地,降低低产油茶林和土茶油比重,做强"湖南茶油"公用品牌。发展竹木产业,加强竹木产区基础设施建设,重点建设一批省级以上竹产业特色产业园、竹加工龙头企业,做优"潇湘竹品"公用品牌。发展生态旅游和森林康养产业,树立全域旅游的理念,加快编制风景名胜区总体规划,积极组织森林旅游节庆活动,提升全省生态旅游的影响力和知名度。发展林下经济,建设一批林下经济示范基地,加强林产品质量管理,打造一批特色林产品品牌。发展花木产业,常态化举办湖南省花木博览会,建设一批花木基地、花木龙头企业、花木主题公园。推进林业产业园区建设,开展省级林业产业龙头企业培育,加强林产品质量安全管理,推动林业产业迈向高质量发展阶段。

促进城乡添绿。突出抓好长株潭绿心生态保护修复,编制《长株潭绿心地区生态提质专项规划(2021—2035年)》,开展林相改造、湿地修复等提质行动,积极参与绿心中央公园建设,全面提升绿心生态服务功能。深化森林城市建设,做好国家森林城市动态监测，完善省级森林城市评价体系，提升绿化品位，突出地域特色。推进乡村绿化美化，充分利用房边、路边、水边等闲置土地开展植树造林，建设一批省级森林乡村示范村。

改革赋能，不断完善林业治理体系

治理体系和治理能力现代化是推动林业高质量发展的必由之路。湖南将持续推进动能转换，着力构建与现代林业相适应的体制、科技、法治、管理体系，不断提升林业治理效能。

激发林业体制内在活力。推深做实林长制，建立健全林长制考核指标体系，不断夯实"一长三员"（林长＋护林员＋监管员＋执法人员）网格化管护体系，切实巩固党政同责、属地负责、部门协同、全域覆盖的长效机制，真正实现山有人管、林有人造、树有人护、责有人担。深化集体林权制度改革，大力培育新型林业经营主体，完善林权收储、担保、贴息、分红等机制，推动适度规模经营，进一步激活和发展林业生产力。深化国有林场改革，修订《湖南省国有林场管理办法》，加快国有林场自供区电网移交改造，完善国有林场路网、管护站房等基础设施，建设一批"秀美林场"和"现代林场"示范林场。

打造林业科技创新高地。加强科技平台建设，按照岳麓山实验室林业片区战略布局，加快建设木本油料资源利用国家重点实验室、中国油茶科创谷，着力打造全国一流的林业科技创新高地。加强科技难题攻关，开展林业碳汇、困难立地造林、湿地修复、林产品加工等方面的研究，力争形成一批重大林业科技成果。加强科技人才培养，加快科技创新专家团队建设，持续实施院士培养计划、杰出青年培养计划，着力培养一批领军人才和青年人才。加强科技成果转化，持续开展林业科技特派员帮扶、送科技下乡等行动，大力推广新品种新技术，逐步提升基层林业科技水平。

推进林业法治化规范化。加快法治化进程，推进自然保护地管理、湿地保护、生物多样性保护等方面的立法，开展林业普法宣传，探索建立林业综合执法体系，加快形成完备的林业法律法规体系、高效的林业法治实施体系、严密的林业法治监督体系。完善规范化管理，推进林业再信息化，加快建设林业大数据体系，着力构建多功能、全天候、全覆盖的生态网络感知系统；严格资金项目管理，坚持"资金跟着项目走，项目跟着战略走"的导向，提升林业投融资效率；深化"互联网+政务服务"，提升行政审批效率，优化营商环境。

"挥毫当得江山助，不到潇湘岂有诗。"湖南将全面落实"三高四新"战略定位和使命任务，围绕"建设全域美丽大花园"目标，坚持稳字当头、稳中求进；坚持实事求是，一切从实际出发；全面实施生态保护、生态提质、生态惠民，让"绿水青山就是金山银山"的理念更加深入人心。

胡长清 湖南省林业局党组书记、局长

10 关键词

坚持和加强党的全面领导

> 先读为快

坚决捍卫"两个确立"、做到"两个维护"

确立和维护党的核心、领袖的权威,重视革命理论的指导作用,始终是马克思主义建党学说的重大原则。

中国共产党是按照马克思主义建党原则建立起来的政党。

在新的伟大斗争实践中,习近平总书记成为全党拥护、人民爱戴的党中央的核心、全党的核心,是众望所归、当之无愧、名副其实。

要切实把"两个确立"转化为坚决做到"两个维护"的高度自觉。

一体推进"三不"

如何更有效地一体推进不敢腐、不能腐、不想腐是必须答好的时代课题。

当前,"不敢腐"的政治氛围已经呈现,"有腐必反"的高压态势已经形成,"有案必查"的威慑机制已经构建。

湖南在全国率先探索行贿人"黑名单"制度,既是惩治行贿人的重要举措,也是奠定受贿行贿一起查良好基础的制度保障。

党的创新理论

奋进新征程，建功新时代，必须始终把学习贯彻习近平新时代中国特色社会主义思想作为首要任务。
近年来，湖南坚持把首要任务作为长期任务。
解决好宣传宣讲"最后一公里"问题，持续推动党的创新理论"飞入寻常百姓家"。

红色基因

传承"断肠明志"精神，坚定理想信念。
赓续"半条被子"精神，涵养公仆情怀。
践行"实事求是思想路线策源地"精神，做到真抓实干。
弘扬"建党先声"精神，改革创新敢为人先。
倡导"艰苦朴素、勤俭节约"精神，永葆廉洁本色。

聚天下英才而用之

大力实施新时代人才强省战略，全方位培养、引进、用好人才，让湖南因人才而发展，让人才因湖南而出彩。
湖南要切实找准人才引聚工作的发力点和突破口，积极参与人才大竞争，主动融入人才"双循环"，以超常规的举措"聚天下英才而用之"。

着力点

如何理解坚决捍卫"两个确立"、做到"两个维护"？

马克思指出："每一个社会时代都需要有自己的伟大人物，如果没有这样的人物，它就要把他们创造出来。"这深刻阐明了领袖人物在推进历史进程中至关重要。拿破仑说过："世上有两种力量：利剑和思想；从长而论，利剑总是败在思想手下。"这生动说明了思想就是力量的道理。

党的十九届六中全会强调，党确立习近平同志党中央的核心、全党的核心地位，确立习近平新时代中国特色社会主义思想的指导地位，反映了全党全军全国各族人民共同心愿，对新时代党和国家事业发展、对推进中华民族伟大复兴历史进程具有决定性意义。这一重大论断，是深刻总结党的百年奋斗重大成就和历史经验特别是新时代伟大实践得出的重大历史结论。全面理解和把握"两个确立"的历史必然和实践要求，对于进一步增强"四个意识"、坚定"四个自信"、做到"两个维护"，具有十分重要的现实意义和深远的历史意义。

有理有据，论从史出

领导核心和革命理论问题是马克思主义建党学说中最为关键的核心问题。在马克思主义看来，领导核心问题与强调人民群众创造历史的唯物史观并不矛盾，因为领袖人物是人民群众中的杰出代表，在推动社会变革、历史发展中具有引领性作用；革命理论问题与主张实践唯物主义并不冲突，因为不以革命理论为指南的实践是盲目的实践。关于第一个问题，马克思曾说，"一个单独的提琴手是自己指挥自己，一个乐队就需要一个乐队指挥"。恩格斯指出，"没有权威，就不可能有任何的一致行动"。列宁也说过，"历史上，任何一个阶级，如果不推举出自己善于组织运动和领导运动的政治领袖和先进代表，就不可能取得统治地位"。而在第二个问题上，马克思曾把理论指导比喻为"思想的闪电"，他说："思想的闪电一旦彻底击中这块素朴的人民园地，德国人就会解放成为人。"恩格斯指出："只要进一步发挥我们的唯物主义论点，并且把它应用于现时代，一个强大的、一切时代中最强大的革命远景就会立即展现在我们面前。"列宁更是强调："没有革命的理论，就不会有革命的运动。"所以，从马克思主义发展史来看，确立和维护党的核心、领袖的权威，重视革命理论的指导作用，始终是马克思主义建党学说的重大原则。

中国共产党是按照马克思主义建党原则建立起来的政党。党的百年奋斗之所以能锻造出走在时代前列的中国共产党，根本就在于党坚持和完善马克思主义建党原则。然而，从中国共产党成立到遵义会议前，从陈独秀、瞿秋白、向忠发、李立三到王明以及博古都没有形成坚强有力的中央领导集体和成熟稳定的领导核心，未能把马克思主义基本原理同中国革命实际紧密结合，这是早期中国革命屡遭挫折甚至面临失败危险的重要原因。遵义会议开始形成以毛泽东同志为核心的党的第一代中央领导集体；延安时期党提出"马克思主义中国化"重大命题，开展整风运动；通过党的六届七中全会、党的七大，确立了毛泽东同志的历史地位和毛泽东思想的指导地位，由此打开了中国革命新局面。改革开放以后，以邓小平同志、江泽民同志、胡锦涛同志为主要代表的中国共产党人，开创、坚持、捍卫、发展中国特色社会主义，形成了中国特色社会主义理论体系，推进了中华民族从站起来到富起来的伟大飞跃。党的十八大以来，党在实践中进一步深化了党的领导核心、党的创新理论是党和国家事业发展的决定性因素的认识，郑重提出"两个确立"，这是时代呼唤、历史选择、民心所向，有着深刻的历史逻辑、理论逻辑和实践逻辑。

船重千钧，掌舵一人

党的十八大以来，习近平总书记以马克思主义政治家、战略家的胆略，谋划国内外大局，推进改革发展稳定、内政外交国防、治党治国治军工作，解决了许多长期想解决而没有解决的难题，办成了许多过去想办而没有办成的大事。习近平总书记反复强调，时代是出卷人，我们是答卷人，人民是阅卷人；党面临的"赶考"远未结束，我们一定要继续考出好成绩。

答好坚持党的全面领导的论述题。"中国最大的国情就是中国共产党的领导。什么是中国特色？这就是中国特色。""党政军民学，东西南北中，党是领导一切的。"近年来，这些金句人们耳熟能详。习近平总书记把坚持和加强

学典型

在党史学习教育中忠诚捍卫"两个确立",坚决做到"两个维护"

湖南以深入学习贯彻党的十九届六中全会精神为重点深化拓展党史学习教育,忠诚捍卫"两个确立",坚决做到"两个维护",切实把中央指导组工作要求落到实处,做到善始善终、善作善成。

2021年,湖南坚持领导带头、以上率下,坚持以"关键少数"带动"最大多数",形成一级带着一级学、一级带着一级干的生动局面。

省、市、县三级分别组建党史学习教育巡回指导组和宣讲团,分三轮开展巡回指导,坚持集中宣讲和基层宣讲相结合,做到巡回指导和宣讲全覆盖。开展全省村(社区)"两委"成员集中培训,将中央精神和省委要求传递到湖南23791个村、5422个社区、17万名新一届村(社区)干部和130万名基层党员。对利用红色资源开展党史学习教育制定推荐指南,引导党员干部就近就地以及根据部门和行业特点到118处重点推荐的爱教基地、红色场馆、革命遗址接受革命传统教育。

党的全面领导作为开创事业新局面的重中之重，亲自谋划、亲自部署、亲自推动，指引新时代党的领导得到全面加强，党把方向、谋大局、定政策、促改革的能力和定力得到不断增强，党总揽全局、协调各方的领导核心作用得到充分发挥，为新时代推进中国特色社会主义伟大事业提供了根本保证。

答好全面深化改革的挑战题。与党的十一届三中全会一样，党的十八届三中全会也是划时代的，开创了我国改革开放的新局面。习近平总书记强调，改革只有进行时、没有完成时，必须将改革进行到底。在习近平总书记引领下，党不断推动全面深化改革向广度和深度进军，中国特色社会主义制度更加成熟更加定型，国家治理体系和治理能力现代化水平不断提高，党和国家事业焕发出新的生机活力。

答好决胜全面建成小康社会的必答题。习近平总书记指出，让人民生活幸福是"国之大者"；全面建成小康社会，是我们党向人民、向历史作出的庄严承诺。他一再强调，"小康不小康，关键看老乡""一个民族都不能少""决不能让一个苏区老区掉队"。为了打赢脱贫攻坚战，习近平总书记动员全党全国全社会力量，上下同心、尽锐出战，组织实施人类历史上规模最大、力度最强的脱贫攻坚战，历史性地解决了绝对贫困问题，在中华大地上全面建成了小康社会，中华民族几千年来孜孜以求的朴素理想，在今日中国变成现实。

答好抗击新冠肺炎疫情的加试题。"人民生命重于泰山！只要是为了人民的生命负责，那么什么代价、什么后果都要担当。"面对突如其来的新冠肺炎疫情，习近平总书记亲自指挥、亲自部署，以非常之举应对非常之事，以举国之力对决重大疫情，带领人民开展了一场气壮山河的伟大抗疫斗争。无论是出生仅30多个小时的婴儿还是100多岁的老人，每一个生命都得到全力护佑。经过艰苦卓绝的努力，经受了压力测试，最大限度地保护了人民生命安全和身体健康，在全球率先控制住疫情、率先复工复产、率先恢复经济社会发展，抗疫斗争取得重大战略成果。

答好开启实现第二个百年奋斗目标新征程的闯关题。实现第一个百年奋斗目标之后，我们如何乘势而上开启全面建设社会主义现代化国家新征程？从农村、社区到学校、工厂，从科技园区到企业车间，习近平总书记在一系列考察调研中，总结当下更思虑长远，明确提出立足新发展阶段，贯彻新发展理念，构建新发展格局，推动高质量发展，为全面建设社会主义现代化国家谋篇布局、把舵定航。

答好勇于自我革命的问答题。勇于自我革命是我们党最鲜明的品格，也是我们党最大的优势。习近平总书记反复强调，打铁必须自身硬。党的十八大以来，十年磨一剑，以习近平同志为核心的党中央以坚定决心、顽强意志、空前力度推进全面从严治党，打出一套自我革命的"组合拳"，坚定不移"打虎""拍蝇""猎狐"，党在革命性锻造中更加坚强。

历史和现实反复证明，一个国家、一个政党，领导核心至关重要。毛泽东曾形象地指出，"一个桃子剖开来有几个核心吗？只有一个核心"。邓小平也说过，"任何一个领导集体都要有一个核心，没有核心的领导是靠不住的"。在新的伟大斗争实践中，习近平总书记成为全党拥护、人民爱戴的党中央的核心、全党的核心，是众望所归、当之无愧、名副其实，这样全党就有定盘星，全国人民就有主心骨，中华"复兴号"巨轮就有掌舵者。

时代之问，思想作答

历史从哪里开始，思想进程也应当从哪里开始。党的十八大以来，以习近平同志为主要代表的中国共产党人，坚持把马克思主义基本原理同中国具体实际相结合、同中华优秀传统文化相结合，坚持毛泽东思想、邓小平理论、"三个代表"重要思想、科学发展观，深刻总结并充分运用党成立以来的历史经验，从新的实际出发，创立了习近平新时代中

列数据

把"两个维护"作为最根本的政治纪律和政治规矩

湖南纪检监察机关把"两个维护"作为最根本的政治纪律和政治规矩，增强政治敏锐性和政治鉴别力，对党的十八大后不收敛不收手，特别是党的十九大后仍不知止、胆大妄为，违反党的政治纪律和政治规矩的"两面人""两面派"，扭住不放、持续惩治，对政治问题与经济问题交织的坚决从严查处，确保党中央政令畅通。

深入开展违规占用耕地建房清理整治，2020年，全省立案查处117件；对高考冒名顶替问题开展"起底式"清查，维护教育公平正义；开展人防系统腐败问题专项治理，核查项目2万多个，追缴资金10.7亿元；围绕景观亮化工程过度化开展专项整治，督促整改超规模、讲排场的工程项目49个。

国特色社会主义思想。实践充分证明，习近平新时代中国特色社会主义思想是当代中国马克思主义、21世纪马克思主义，是中华文化和中国精神的时代精华，是马克思主义中国化最新成果。

这一思想不忘老祖宗又讲新话，是坚持和发展马克思主义的典范。一百年来，马克思主义深刻改变了中国，中国也极大地丰富了马克思主义。习近平总书记强调，中国共产党为什么能，中国特色社会主义为什么好，归根到底是因为马克思主义行。马克思主义之所以行，就在于党不断推进马克思主义中国化时代化并用以指导实践。实践雄辩地证明，习近平新时代中国特色社会主义思想坚持解放思想和实事求是相统一，对马克思主义哲学、政治经济学、科学社会主义作出了许多重大原理性创新，实现了马克思主义中国化的历史性飞跃、创造性升华。

这一思想深刻回答时代之问、人民之问，是彰显中国共产党人初心使命的典范。习近平总书记指出："一百年来，中国共产党团结带领中国人民进行的一切奋斗、一切牺牲、一切创造，归结起来就是一个主题：实现中华民族伟大复兴。"党的十八大以来，实现中华民族伟大复兴进入关键时期。习近平总书记以深邃的历史洞察、强烈的责任担当，统筹中华民族伟大复兴战略全局和世界百年未有之大变局，以一系列新理念新思想新战略，回应新形势新任务对党和国家事业发展提出的新要求，深刻揭示了强党之路、强国之路、复兴之路。

这一思想承继中华文明精华养分，是中华优秀传统文化创造性转化、创新性发展的典范。习近平总书记特别重视挖掘中华五千年文明中的精华，注重把其中的精华同马克思主义立场观点方法相结合。他说："如果没有中华五千年文明，哪里有什么中国特色？"习近平新时代中国特色社会主义思想既立足于现实的中国，又植根于历史的中国，具有强大的历史穿透力、文化感染力、精神感召力，丰富了中华民族的文化传统，实现了中国精神的升华。

一个民族要走在时代前列，就一刻不能没有理论思维，一刻不能没有思想指引。拥有科学理论的政党，才拥有真理的力量。习近平新时代中国特色社会主义思想拥有"思接千载、视通万里"的宏阔视野、"我将无我、不负人民"的为民情怀、"日照大地、月映万川"的真理力量、"翻天覆地、惊天动地"的实践伟力，是全党全国人民的思想之旗、精神之魂。

走实走心，见行见效

核心凝聚力量，旗帜引领方向。湖南省第十二次党代会认真贯彻党的十九届六中全会精神，强调要深刻领会把握"两个确立"的决定性意义。我们要进一步提高政治判断力、政治领悟力、政治执行力，切实把"两个确立"转化为坚决做到"两个维护"的高度自觉。

把"两个确立"转化为坚决做到"两个维护"的思想自觉。结合巩固拓展党史学习教育成果，坚持读原著、学原文、悟原理，注重从理论体系上系统把握习近平总书记最新重要讲话重要指示批示精神的核心要义、实践要求，更加深刻理解习近平新时代中国特色社会主义思想的丰富内涵、精神实质，做到融会贯通、学深悟透，不断筑牢坚决做到"两个维护"的思想根基。

把"两个确立"转化为坚决做到"两个维护"的政治自觉。提高政治站位，自觉把坚决维护以习近平同志为核心的党中央权威和集中统一领导作为最大的政治、最重要的政治纪律和政治规矩，切实做到党中央提倡的坚决响应、党中央决定的坚决照办、党中央禁止的坚决杜绝，将党的领导落实到现代化新湖南建设的各领域各方面各环节，确保党始终统揽全局、协调各方。

把"两个确立"转化为坚决做到"两个维护"的行动自觉。牢记嘱托感恩奋进，坚定不移沿着习近平总书记指引的方向前进，着力解决贯彻落实上的温差、落差、偏差问题，发扬钉钉子精神，努力把习近平总书记对湖南重要讲话重要指示批示精神一条一条贯彻好，把"三高四新"战略定位和使命任务一项一项落实好，以湖南一域之光为全域添彩，在现代化新湖南建设中赢得新的更大的胜利和荣光。

任晓山　新湘评论杂志社社长、总编辑，
　　　　湖南省中国特色社会主义理论体系研究中心特约研究员

着力点

如何推动党的创新理论在湖南落地生根？

思想引领航程，真理烛照未来。

党的十九届六中全会审议通过的《中共中央关于党的百年奋斗重大成就和历史经验的决议》旗帜鲜明地指出："习近平新时代中国特色社会主义思想是当代中国马克思主义、二十一世纪马克思主义，是中华文化和中国精神的时代精华，实现了马克思主义中国化新的飞跃。"这一科学论断，深刻阐明了党的创新理论最新成果在马克思主义发展史、中华文化发展史上的重要历史地位。

牢记嘱托，感恩奋进。湖南省第十二次党代会就深入学习贯彻习近平新时代中国特色社会主义思想和习近平总书记对湖南重要讲话重要指示批示精神提出明确要求，强调要全面推进党的思想建设，不断用党的创新理论最新成果武装头脑、指导实践、推动工作。

2022年1月，湖南省两会胜利召开。中共湖南省委书记、省人大常委会主任张庆伟在省十三届人大五次会议闭幕会上的讲话中强调，要坚持不懈加强党的创新理论武装，深学笃行习近平新时代中国特色社会主义思想，牢牢把握"十个明确"的丰富性内涵和实践性要求，在新的征程上紧跟核心、勇毅前行，更加坚定地拥护"两个确立"、做到"两个维护"。

理论创新无止境，理论武装不止步。奋进新征程、建功新时代，必须始终把学习贯彻习近平新时代中国特色社会主义思想作为首要任务，更加深入、更加广泛、更加有效地推动党的创新理论在湖南落地生根、深入人心。

着眼走深走实走心，推动领学促学

习近平总书记指出："理论修养是干部综合素质的核心，理论上的成熟是政治上成熟的基础，政治上的坚定源于理论上的清醒。"骐骥千里，非一日之功。加强理论修养，重在坚持不懈、久久为功。

近年来，湖南各级党委（党组）认真贯彻党中央要求，按照省委统一部署，持续推进理论学习中心组学习制度化、规范化，制定学习规则、出台十条措施，推行上下同题、巡听旁听等做法，提高了学习质量、增强了学习效果。特别是中共湖南省委理论学习中心组成员带头撰写心得体会并在《湖南日报》刊发，充分发挥了示范引领作用。在新的赶考路上，我们要进一步发扬成绩，按照学懂弄通做实要求，推动学思践悟新思想不断往深里走、往实里走、往心里走。

强化领导干部带头学。在扭住、舞好中心组这个"龙头"的同时，全面落实"第一议题"制度，切实把学习贯彻习近平新时代中国特色社会主义思想这个首要政治任务落实到日常会议、具体到相关论述、结合到实际工作，在常学常新中促进学习效果的转化运用。既结合工作实际分专题分领域深刻领会，又注重从理论体系上系统把握；既学习领悟习近平总书记的思想方法，又学习领悟习近平总书记的风范情怀，不断增强拥戴核心、维护核心、捍卫核心的自觉性坚定性。

抓好党员干部跟进学。紧密结合党员干部思想和工作实际，加强教育引导，完善学习制度，用好考核评优指挥棒，引导广大党员干部自觉把加强党的创新理论学习作为安身立

讲故事

理论宣讲搬到"田间地头"

2021年以来,为推动党史学习教育深入群众、深入人心,湖南各地创新宣讲内容和形式,推动党史学习教育下基层、全覆盖。长沙推出"就认这个理 永远跟党走"理论宣讲,制作了一批"微宣讲"视频;郴州围绕"半条被子的温暖",突出红色基因传承;邵阳广泛深入开展老战士、老模范、老干部、老支书、老教师"五老"讲党史活动,让党史学习教育入脑入心;衡阳的"屋场恳谈会"微宣讲接地气、冒热气、聚人气,干部群众心贴心交流,实打实解决问题;湘西将十八洞村、矮寨大桥等新时代红色资源作为鲜活教材,用土家语、苗语广泛宣讲党史……层出不穷的宣讲品牌,让百年党史犹如春风化雨,滋润人心。

命之基、干事创业之本、履职尽责之要、成长进步之源，始终保持浓厚的理论兴趣。紧密结合本地本部门实际，创优学习环境，创新学习方式，运用主题党日活动、学习强国平台等载体，经常性常态化开展党的创新理论学习，实现所有党组织全覆盖、所有党员干部全参与。

推动青少年重点学。"青少年教育最重要的是教给他们正确的思想，引导他们走正路。"加强青少年马克思主义理论教育，引导他们自尊自信自立自强，需要各级党委和相关职能部门加强统筹谋划、指导协调，有效推动习近平新时代中国特色社会主义思想进教材、进课堂、进学生头脑。思政课是落实立德树人根本任务的关键课程，要抓住师资建设这个关键因素，用好改革创新这个关键一招，努力让思政课更有意思、更受欢迎，从而更好地引导广大青少年掌握科学理论真谛，筑牢爱党爱国爱社会主义情感。

把握时效要求，做强宣传宣讲

毛泽东曾指出，代表先进阶级的正确思想，一旦被群众掌握，就会变成改造社会、改造世界的物质力量。做好面向大众的宣传普及，是推动党的创新理论走进基层、走进群众的重要途径。

近年来，湖南坚持把首要任务作为长期任务，聚焦党的十九大和十九届历次全会精神,聚焦庆祝中华人民共和国成立70周年、庆祝中国共产党成立100周年等主题主线,聚焦决战脱贫攻坚、决胜全面小康、抗击新冠肺炎疫情等中心工作,聚焦"不忘初心、牢记使命"主题教育、党史学习教育等主题活动,聚焦习近平总书记对湖南重要讲话重要指示批示精神,组建各级宣讲队伍广泛开展集中宣讲、专题宣讲和"微宣讲",组织各级各类媒体开设专题专栏、开展大型主题采访,组织动员各地各部门结合实际建设学习平台、打造学习品牌,有效推动了习近平新时代中国特色社会主义思想的学习宣传贯彻。我们要认真总结这些经验做法,按照"时、度、效"要求,把准节点、踩准节奏,解决好宣传宣讲"最后一公里"问题,持续推动党的创新理论"飞入寻常百姓家"。

解决好"讲什么"的问题,更好地满足群众需求。这方面最基本的要求就是全面准确,讲清楚习近平新时代中国特色社会主义思想的历史地位、重大意义、丰富内涵、实践要求,引导干部群众掌握贯穿其中的马克思主义立场观点方法、道理学理哲理。当前,应重点讲好"十个明确"的真谛要义,推动干部群众从感性认知转变为理性认同,从零散了解上升到系统掌握。同时,根据当前人们理论需求呈现出的多样化、个性化、差异化特点,多在分众化上做文章,推出各种有针对性的理论产品,实现精准传播、有效覆盖。

解决好"怎么讲"的问题,增强吸引力、说服力。综合运用传统和现代各种传播手段,强化融合理念,打造全方位、多层次、立体化传播矩阵,策划推出更多内容准确生动、受众喜闻乐见的融媒体产品,提升理论传播的达到率、阅读率、点赞率。树立系统思维,拓展方式手段,自觉把习近平新时代中国特色社会主义思想嵌入文艺创作生产中、融入思想道德建设主题教育中、贯穿各种文明创建活动中、结合到各类先进典型宣传中,在落细落小落实中春风化雨润物无声。充分发挥新时代文明实践中心作用,打造扎根基层的理论宣讲"轻骑兵",用身边人身边事和家常话小故事把理论讲透、讲实、讲活。

解决好"何时讲"的问题,增强针对性、实效性。理论传播有其自身规律,时机和节奏把握得当,因势而谋、应势而动、顺势而为,则会事半功倍。工作中,应注意围绕党和国家的大事要事喜事,以及人民群众普遍关注的事物,及时开展相应理论宣传,在与中心工作同频共振、与群众关切呼应合拍中唤起共鸣、凝聚共识、增进感情。即使同一主题的宣传,也要根据不同时间段的不同要求,有所侧重地确定内容和方式,做到有序推进、渐入佳境。

理论联系实际，深化研究阐释

马克思说过，问题就是时代的口号。一个先进的政党，总是善于在众声喧哗中听清楚时代的声音，解决时代提出的问题。这些年来，习近平总书记关于各领域工作的重要讲话，都直面和剖析问题，既分析形势、部署任务，又提出许多需要进一步研究回答的题目。这些都是事关全局的重大问题，是深入领会习近平新时代中国特色社会主义思想的关键点、着力点，也是推动理论武装必须聚力攻关的重大课题。

近年来，湖南各级各部门特别是广大理论工作者聚焦重大理论和现实问题、聚焦习近平总书记对湖南重要讲话重要指示批示精神，确定重点选题组织集中攻关，编辑出版系列通俗理论读物，打造系列理论评论品牌，策划推出系列电视理论片，健全完善领导出题、智库答题机制，举办"岳麓书院与实事求是思想路线"等相关理论研讨会，在深化党的创新理论研究阐释方面做了大量工作，取得许多成绩，产生广泛影响。面对深化理论武装的新要求，我们要立足已有工作基础，结合实际实践，深化研究阐释，用心用情用功写好理论大众化这篇大文章。

在聚焦重点内容上下功夫。把习近平新时代中国特色社会主义思想同湖南火热实践结合起来，既从宏观视角和理论体系上整体把握、系统解读新思想，又以我们正在做的和将要做的事情为主攻方向，对习近平总书记关于各领域各方面工作的一系列重要论述分门别类进行专题研究。聚焦贯彻落实习近平总书记对湖南重要讲话重要指示批示精神和省第十二次党代会精神，围绕全面落实"三高四新"战略定位和使命任务，深入开展对策性研究，为建设社会主义现代化新湖南贡献智慧和力量。

在统筹队伍力量上下功夫。当前，湖南社科理论界主要有"五路大军"，即社科研究单位、高校社科人文学院和各级党校、党政机关政策研究部门、各类新型智库、报刊网络理论宣传阵地，每一路大军都在为理论大众化发挥着重要作用。要着眼培强叫响"社科湘军"品牌，推动"五路大军"握指成拳，在资源整合、力量统筹上形成"聚是一团火、散作满天星"的生动局面。

在改进文风学风上下功夫。习近平新时代中国特色社会主义思想既底蕴深厚、博大精深，又大道至简、明白晓畅。深化研究阐释，必须牢牢把握这一理论品格，持续改进文风，创新话语表达，把大本子讲通俗，把大道理讲鲜活，把大白话讲深刻，让科学理论更好地掌握群众。必须坚持理论联系实际的马克思主义学风，走到基层一线、走到田间地头去开展课题研究，切实把成果写在湖南这片发展的热土上，写在全省人民对美好生活的向往里。

总之，思想前进步伐从哪里开始，理论学习教育就要从哪里跟进。推动习近平新时代中国特色社会主义思想在湖南落地生根、深入人心，要坚持理论与实践相贯通、深刻性与生动性相统一、彰显思想风范与人格魅力相结合，引导干部群众深入认识思想伟力、深刻感悟真理味道、准确把握实践要求，以坚定自信的步伐迈向更加美好的未来。

张勤繁　新湘评论杂志社副社长、副总编辑

着力点

如何践行新时代党的人才观？

"得人才者得天下，失人才者失天下。"当今世界，综合国力的竞争说到底还是人才竞争，要赢得竞争、赢得未来，必当"聚天下英才而用之"。党的十八大以来，习近平总书记站在统筹中华民族伟大复兴战略全局和世界百年未有之大变局的高度，以宏阔超凡的眼界放眼天下，以不论亲疏贵贱一切唯才是举、唯才是用的魄力与气度，多次强调"聚天下英才而用之"，把各方面优秀人才集聚到党和人民的伟大奋斗中来。湖南省第十二次党代会提出，"坚持人才引领发展的战略地位，深入实施'芙蓉人才行动计划'，真心爱才、悉心育才、精心用才，聚天下英才而用之，打造湖湘人才高地"。贯彻落实习近平总书记指示精神和省第十二次党代会精神，必须深刻领会、深入贯彻习近平总书记关于人才工作的新理念新战略新举措，坚持"四个面向"，大力实施新时代人才强省战略，全方位培养、引进、用好人才，让湖南因人才而发展，让人才因湖南而出彩。当前，湖南省尤其要切实找准人才引聚工作的发力点和突破口，积极参与人才大竞争，主动融入人才"双循环"，以超常规的举措"聚天下英才而用之"。

当前国内外人才竞争的特点

进入21世纪以来，全球科技创新进入空前密集活跃的时期，人才竞争越来越白热化。

从全球范围来看，一是西方单边主义人才政策已经形成。当今世界，大国关系深刻调整，西方国家内顾倾向加重，保护主义抬头，逆全球化思潮暗流涌动，人才跨国交流的难度越来越大。以中美两国为例，近年来，两国的争端迅速从贸易、金融、科技向人才领域蔓延，对我国各级海外引才计划的防御性大大增强，美国实施的一系列移民、留学生、学术交流等政策都明确反映了这一重大变化，中西方竞争格局下的西方特别是美国单边主义人才政策已经形成，人才向发展中国家流动的通道越来越狭窄。二是全球人才竞争焦点集

讲故事

长沙发布"史上最强人才新政"

创新发展，人才为要。2021年3月，长沙市委办公厅、市政府办公厅发布《中国（湖南）自由贸易试验区长沙片区人才集聚发展若干措施（试行）》。"史上最强人才新政"从10个方面制定了45条人才政策。200万元奖励补贴、200平方米标准全额购房补贴、1000万元项目扶持资金……赋能高质量发展，长沙实力"摘星"！

中在新兴科技人才领域。新一轮科技革命和产业变革正在重构全球创新版图，重塑全球经济结构，大数据、云计算、人工智能、区块链等领域的话语权与技术储备日益成为决定一个国家或地区能否抢占未来竞争制高点的最重要标志。这种新的科技发展态势导致全球人才竞争的焦点已经发生了深刻的转移，人才争夺从传统领域迅速向新兴科技领域转变。

从国内来看，一是竞争激烈程度远胜以往，全国绝大部分地级市先后颁布了人才引聚专项政策，且优惠举措不断翻新。二是创新创业人才成为争夺的焦点。从各地名目繁多的人才计划看，引才聚才的重点集中在科技创新创业人才上，体现出创新驱动发展战略背景下鲜明的时代特点。三是基于城市能级开展人才引聚工作。根据城市能级的差异，各地在引才的目标群体、发力方向、支持举措等方面也存在差异，从北京、上海、深圳等国际化大都市，到杭州、苏州、宁波等创新创业活跃度高的城市，再到中西部地区省会城市和其他地市级城市，人才引聚工作存在明显的"级差"。四是人才引聚模式趋同化。总的来说，人才政策创新的路径依赖越来越强，国内不同地区的人才引聚政策越来越多地显示出共性的特征，创新的难度越来越大。比如，人才引进对象从顶尖人才扩展到青年人才，人才引进支持政策的激励性措施同质，人才服务模式迅速被学习和复制等。

湖南引才聚才工作的难点

应该说，湖南历来高度重视引才聚才工作，出台实施了"芙蓉人才行动计划"等一揽子积极、开放、有效的人才政策，人才集聚平台进一步丰富，人才集聚环境进一步优化，长沙等局部地区实现了人才净流入，全省集聚了包括81名两院院士（含外聘37人）、194名国家重点联系专家在内的650多万名人才，但和发展要求相比、和人才工作发达地区相比，湖南引才聚才工作难言乐观。

高端人才引进难。在西方单边主义人才政策影响下，西方发达国家特别是美国对我国科技"卡脖子"领域的人才交流合作设置了种种障碍，海外高层次人才来（回）湘的顾忌越来越多，掣肘越来越多。近几年，每年引进的省"百人计划"专家仅40人左右，"千人计划"专家不到15人。同时，和东部发达地区相比，湖南在综合环境上的差距一目了然；和湖北、重庆、四川、安徽等中西部省市相比，湖南也不具有比较优势，因而在创新创业目的地选择上，湖南不是靠前的选项，国内人才引进的压力同样不小。

人才特别是高端人才留住难。虽然北上广等东部中心节点城市不主动"争挖"中西部人才，但其凭借产业基础、科创资源、公共设施、营商环境等综合优势，对湖南人才特别是高端人才的吸引力一直存在。国内外名企庞巴迪、西门子、

ABB、阿尔斯通、华为、汇川等常年"蹲守"在湖南高端人才集中的国防科大、中车株洲所等单位所在地，以数倍于目前的薪酬围猎高端人才。

引进难、留住难的背后原因不容忽视。一是投入不够。目前，湖南省级人才专项经费为每年1亿元，同期的安徽为10.5亿元，湖南与之比较相去甚远，遑论江苏、浙江、广东等省市。投入不够的直接后果就是对人才引聚项目的支持捉襟见肘。目前，湖南对入选的省"百人计划"专家的支持在100万元以下，在国内同级别人才支持中明显偏低。二是政策的原创性不足。湖南是后发地区，大多数政策都摆脱不了东部发达地区的影子。目前，湖南引才聚才主要依靠落户、家属随迁、人才公寓、租房购房补贴等"硬件"，政策相对传统、单调，而上海、深圳等地已转向服务、环境、生态等"软件"的升级。三是缺少高能级的平台。迄今为止，湖南尚没有大科学装置落地，没有实现国家实验室"零"的突破，也没有启动省级实验室建设。全国336家国家实验室、国家重点实验室中，湖南仅6家国家重点实验室（2019年数据）。四是政策执行难度大。湖南部分人才政策缺少落实落细的举措，执行存在"最后一公里"的问题，优惠条款兑不了现，政策效力大打折扣。

学典型

湘江新区高端人才引进平台上线

自2021年5月开始,湘江新区为加快创新要素汇聚,探索建立高端人才需求信息集中收集发布机制,面向湘江新区重点企业,每季度集中收集一次高端人才需求信息,并定期在湘江新区高端人才引进平台、国内自媒体、海外社交平台等渠道集中发布。

湖南引才聚才工作创新点

习近平总书记指出,"办好中国的事情,关键在党,关键在人,关键在人才"。进一步做好湖南引才聚才工作,关键是要在党的领导下,加强对国内外人才竞争态势的研判,针对存在的各种瓶颈和短板加大创新突破的力度,围绕人才宜业宜创宜居,在薄弱处关键处紧要处发力,构建具有湖南特色的引才聚才工作新格局。

高精度锚定引才聚才重点。着眼全面落实"三高四新"战略定位和使命任务,进一步明确人才政策的支持方向,锚定引才聚才的重点。一是围绕打造具有核心竞争力的科技创新高地,重点引进战略科学家、科技领军人才,补齐建设创新型省份、实施关键核心技术攻关计划等"七大计划"的人才短板。二是围绕打造国家重要先进制造业高地,重点引进企业家、高水平工程技术人才和高技能人才,提升先进装备制造业倍增等"八大工程"的人才能级。三是围绕打造内陆地区改革开放高地,重点引进精通国际经营管理、金融保险、涉外法律等业务的专业国际运营人才和自贸区运营人才,夯实对接大战略、提升大平台的人才基础。四是围绕抢占今后产业和科技发展制高点,重点引进专用芯片、未来诊疗、生物工程、空天科技、脑科学、物联网、量子信息、极端制造等未来产业领域技术人才,强化前沿科技创新布局。

高能级打造人才集聚平台。进一步把握创新资源集聚规律，抓紧抓实谋划推进人才平台载体建设，以长株潭为重点打造重大创新平台集聚地，做大做强人才承载优势。一是紧抓国家规划建设世界重要人才中心和创新高地的有利契机，结合长株潭一体化发展，加快推动《关于加快推进长株潭人才一体化发展的意见》落实落地，着力把长株潭都市圈打造成国家重要人才中心。为此，要规划建设湘江西岸科创走廊，打造全省科技人才联动示范区、重大科技成果转化承载区；要以岳麓山国家大学科技城为基础规划建设长沙科学城，推动重要科研机构、重大科技平台、科研基础设施集群发展，打造"面向世界、辐射全国、带动全省、引领未来"的原始创新重要策源地、关键核心技术重要诞生地。二是围绕做大做强特色主导产业，大力培育发展新兴产业，支持省内经开区、工业集中区向高新区转型，支持高新区扩容提升、争先进位，推进产业迈向中高端。三是围绕加快发展20个工业新兴优势产业链，支持产业链上领军企业联合上下游企业和高校、科研院所组建产业研究院，实现"一个产业（链）一个研究院"。四是突破传统研发机构在资源配置上的掣肘，建设一批投资主体多元化、管理制度现代化、运行机制市场化、用人机制灵活化的新型研发机构，推动人才平台提能造峰。

高强度凝聚引才聚才动能。充分发挥市场在人才资源配置中的决定性作用,更好发挥政府作用,进一步加强制度创新、政策创新、举措创新,高度凝聚全社会引才聚才的动能。一是聚焦人才引进服务、创新创业载体开发运营、项目孵化投融资等业务,组建区域性人才发展集团,打造人才引进中贯彻党管人才原则的专业化平台、市场化抓手。二是发挥企业引才主体作用,探索"企业引才、高校(院所)留编、校企共享、政策叠加"等机制,激发产、教两端引才聚才的活力。三是实施省外湖湘人才资源开发行动,以科学家、企业家为重点,加强省外湖湘人才资源摸底,在北上广深等人才集聚重点地区搭建一批高规格的湖湘人才交流平台,夯实人才回湘基础。四是坚持引才聚才与招商引资一体推进、一体对待、同步跟进,对引进高水平研发机构、高层次人才项目,视同重大招商引资项目认定奖励。

高标准释放引聚政策红利。加强引才聚才政策全周期管理,以政策的温度、尺度、高度彰显湖南对人才的态度,推动形成"近悦远来"的人才生态。一是着眼于解决引进政策精细化不够的问题,坚持需求导向,大胆先行先试,实行人才点单制度,根据人才的个性化需求给予差异化的支持,在政策允许的范围内人才需要什么就支持什么,不搞"一刀切"。二是着眼于政策力度偏小的问题,制定实施体现人才价值的政策,按照市场化的标准对人才给予支持,在精准支持的基础上突出政策的大力度。三是着眼于解决政策覆盖面欠缺的问题，坚持存量人才与增量人才并重，在强化引进人才支持的同时，制定实施存量人才"定心丸"政策，聚力稳住人才基本面。四是着眼于区域人才吸引力落差的问题，坚持全省"一盘棋"，在人才基本公共服务上推动人才同城同待遇、同省同待遇，整体提升湖南人才的获得感、幸福感。

"志量恢弘纳百川，遨游四海结英贤。"全面落实"三高四新"战略定位和使命任务，建设社会主义现代化新湖南，需要一支规模宏大、素质优良、结构优化、作用突出的人才队伍。勇闯"无人区"，突破"关键点"，在服务"国之大者"上勇挑重担，在推动创新发展上走在前列，努力推出更多具有世界"并跑""领跑"水平的创新成果，为国家解决"卡脖子"问题贡献湖南力量。

马贵舫 湖南省社会科学院人力资源与改革发展研究所副所长

着力点

如何在传承湖湘红色基因中涵养风清气正？

人无精神不立，党无精神不兴。在庆祝中国共产党成立100周年大会上，习近平总书记话语铿锵："一百年前，中国共产党的先驱们创建了中国共产党，形成了坚持真理、坚守理想，践行初心、担当使命，不怕牺牲、英勇斗争，对党忠诚、不负人民的伟大建党精神，这是中国共产党的精神之源。"伟大建党精神展现了我们党的梦想和追求、情怀和担当、牺牲和奉献，蕴含鲜明的红色基因。

千百年来，钟灵毓秀的湖湘大地滋养了"吃得苦、霸得蛮、耐得烦"的湖湘精神，孕育了经世致用、心忧天下、敢为人先的湖湘文化。新民主主义革命时期，这方红色热土走出了毛泽东、刘少奇、任弼时、彭德怀、贺龙、罗荣桓等老一辈革命家，成为中国建党、建军、建政的重要策源地，留下了无数可歌可泣的英雄故事，深厚的红色文化传统使湖湘文化得到巨大升华。"十步之内，必有芳草"，三湘大地宛若一座没有围墙的革命历史博物馆。

2020年9月，习近平总书记来到湖南郴州市汝城县文明瑶族乡沙洲瑶族村，参观"半条被子的温暖"专题陈列馆，作出"用好这样的红色资源，讲好红色故事，搞好红色教育，让红色基因代代相传"的重要指示。我们要始终赓续红色血脉，用党的奋斗历程和伟大成就鼓舞斗志、指引方向，用党的光荣传统和优良作风坚定信念、凝聚力量，用党的历史经验和实践创造启迪智慧、砥砺品格，继往开来，开拓进取，把革命先烈流血牺牲打下的红色江山守护好、建设好，努力创造不负革命先辈期望、无愧于历史和人民的新业绩。

传承"断肠明志"精神，坚定理想信念

革命理想高于天。革命战争年代，中国共产党人之

所以能够经受住血与火、生与死的考验，一路走来步伐坚毅、百折不挠，就是因为心怀坚定的理想信念。"寸土千滴红军血，一步一尊英雄躯。"湘江之战，中国工农红军第三十四师师长陈树湘不幸被俘，他忍着剧痛从腹部伤口处绞断肠子，以悲壮的牺牲写下了"为苏维埃新中国流尽最后一滴血"的英雄故事，谱写了一曲无条件忠于党和人民的生命赞歌。无数湖湘仁人志士以对共产主义的崇高理想和对革命事业矢志不渝的追求，用生命和热血践行"若道中华国果亡，除非湖南人尽死"的誓言，铸就了中华民族的精神脊梁。

和平年代，我们依然不能忘记在战火中浴血奋战、舍生忘我的革命先辈，不能丢掉作为共产党人精神支柱和政治灵魂的理想信念。中国特色社会主义是新时代中国共产党人必须坚持的共同理想，新时代政治监督最根本的任务是捍卫"两个确立"、做到"两个维护"，确保始终坚持中国特色社会主义制度不动摇。新时代新阶段新征程，我们要持之以恒学深悟透习近平新时代中国特色社会主义思想，落实"全面从严治党首先要从政治上看"的要求，不断提高政治判断力、政治领悟力、政治执行力，推动政治监督常态化具体化，坚决查处"七个有之"等政治问题，营造风清气正的政治生态，引导全党坚定理想信念，心往一处想，劲往一处

讲故事

如意社区党总支候选人初步人选推荐会

用铁的纪律确保换届风清气正

"这次村里换届选举公开透明、纪律严格、程序严密,处处洋溢着新风正气。"2021年1月下旬,张家界市武陵源区中湖乡石家峪村70岁的老党员伍仕章参加换届选举后发出感慨。

为确保全省村(社区)"两委"换届选举风清气正,2020年12月22日,省纪委监委下发村(社区)"两委"换届工作"八个严禁"纪律要求,划出纪律"红线";出台《湖南省违反换届纪律问题线索移送纪检监察机关工作暂行办法》,会同组织、网信、巡视、民政、信访等部门建立问题线索移送工作机制,坚持抓早抓小抓苗头,对涉及换届信访举报问题第一时间处置和回应。

使，高举中国特色社会主义伟大旗帜，为中华民族伟大复兴的中国梦团结奋斗。

赓续"半条被子"精神，涵养公仆情怀

"江山就是人民，人民就是江山。"三湘四水，红色故地星罗棋布。回首往事，凝望过往，能从中感悟中国共产党为中国人民谋幸福、为中华民族谋复兴的初心和使命担当。1934年11月，3名女红军借宿郴州市汝城县沙洲村徐解秀家中，临走时把自己仅有的一床被子剪下一半留给她。"什么是共产党？共产党就是自己有一条被子，也要剪下半条给老百姓的人。"

"时代是出卷人，我们是答卷人，人民是阅卷人。"我们一切工作的成效，最终要看群众答应不答应、高兴不高兴、拥护不拥护、满意不满意。近年来，省纪检监察机关持续整治群众身边腐败和不正之风，护航脱贫攻坚取得全面胜利和乡村振兴战略稳步实施，组织开展"纪委喊您来领钱""纪委为您来解难"等活动，群众切身感受到全面从严治党就在身边、正风肃纪反腐就在身边、纪检监察就在身边。群众工作无小事，事关党的根本宗旨，事关党的执政根基。我们要始终牢记以人民为中心，持续深化整治"学位、床位、车位、厕位"等群众身边的突出问题，

确保群众身边的腐败和作风问题得到及时有效的治理，群众最关心、最直接、最现实的利益问题得到解决，最终要让党员干部真正心系群众、服务人民，让公仆情怀内化于心、外化于行。

践行"实事求是思想路线策源地"精神，做到真抓实干

实事求是是马克思列宁主义、毛泽东思想、中国特色社会主义理论体系的精神和灵魂，是党带领人民推动中国革命、建设和改革事业不断取得胜利的重要法宝。1941年5月19日，毛泽东在作《改造我们的学习》的报告时，第一次详细地阐述了"实事求是"的内涵，它的思想根源就藏于苍翠古朴的岳麓书院。2020年9月17日，习近平总书记考察湖南期间来到岳麓书院，从历史与现实相贯通、理论与实践相结合的高度阐明了岳麓书院与实事求是思想路线的重大关系，为岳麓书院赋予了新的时代内涵。

党的十八大以来，以习近平同志为核心的党中央高度重视作风建设，以强烈的历史担当和顽强的意志品质，直面党内存在的种种问题和弊端，从制定和执行中央八项规定破题，把贯彻落实中央八项规定及其实施细则精神作为一项重大政治任务来抓，党风政风和社会风气发生了全面深刻、影响深

远、鼓舞人心的根本改变。时至今日，"八项规定"已成为全面从严治党的一张亮丽名片，"实事求是"的思想路线得到更大的彰显和践行，艰苦奋斗的光荣传统和优良作风得到更广泛的继承和发扬。作风建设永远在路上。我们要驰而不息纠"四风"树新风，严格执行省委"约法三章"，对享乐主义、奢靡之风露头就打，深化整治形式主义、官僚主义，巩固拓展基层减负成果，严查由风变腐、风腐一体案件并通报曝光，大力弘扬求真务实、真抓实干之风。

弘扬"建党先声"精神，改革创新敢为人先

习近平总书记指出，创新是民族进步的灵魂，是一个国家兴旺发达的不竭源泉，也是中华民族最深沉的民族禀赋。1918年4月14日，在绿树荫浓的岳麓山脚、微风轻拂的湘江西畔，毛泽东、蔡和森等湖湘青年创建新民学会，之后，蔡和森提出"必须明目张胆正式成立一个中国共产党"，发出"建党先声"。从新民路走出来，勇于变革、敢为人先的湖南人深度参与中共一大创建，献身建党伟业，成立了全国最早的省级党组织——中共湖南支部、中共湘区执行委员会，领导秋收起义打出了第一面工农革命军旗号，发动湘南起义打响了中国土地革命第一枪，一步步开创了光辉的革命历程。

改革创新需要敢为人先的豪气、披荆斩棘的锐气、攻坚克难的硬气，也需要精准问责、容错纠错、保驾护航的勇气。问责工作必须坚持"严管和厚爱相结合、激励和约束并重"。一方面坚持"失责必问、问责必严"，另一方面坚持"三个区分开来"，对于在推进改革中因缺乏经验、先行先试出现的失误，尚无明确限制的探索性试验中的失误，为推动发展的无意过失，该包容的大胆包容，让干部真正放下包袱、轻装上阵，形成建功新时代、争创新业绩的浓厚氛围和生动局面。

倡导"艰苦朴素、勤俭节约"精神，永葆廉洁本色

回望中国共产党百年奋斗历程，勤俭、廉洁始终是中国共产党人代代传承的本色基因。毛泽东对腐败十分憎恶，发誓不做李自成，他一生坚持艰苦奋斗、俭朴生活，一件睡衣穿20多年，打补丁73次。中华人民共和国成立后，他的子女没有享受任何特权，并要求子女亲属拥有四项"特权"——为革命牺牲的特权、饱受苦难的特权、被执行纪律的特权、艰苦奋斗的特权。毛泽东一生未办过寿庆，离世时没有任何物质遗产留给子女继承，体现出一位无产阶级革命家的高尚情操和清廉本色。

勇于自我革命，是中国共产党最鲜明的品格，也是中

国共产党最大的优势。百年风霜雪雨、百年大浪淘沙，中国共产党能够从最初的50多名党员发展到今天的9500多万名党员，战胜一个又一个困难，取得一个又一个胜利，关键在于始终坚持党要管党、全面从严治党不放松。突出对"一把手"和领导班子的监督，是党中央完善党和国家监督体系、推动全面从严治党向纵深发展的重要举措。2021年，中央专门就加强对"一把手"和领导班子监督出台意见，湖南省纪委进一步细化、出台了加强"一把手"监督"十必严"措施。不久前，新一届省委做出关于加强班子建设的决定，明确了6个方面22条，其中强调"严格执行重大事项请示报告制度""严格落实领导干部个人有关事项报告制度""严格实行领导干部外出按规定程序报批制度"等制度规矩。我们要抓好落实，推动"一把手"和领导班子监督严起来、实起来，发挥其廉洁修身、廉洁齐家的"头雁效应"，涵养中国共产党人清正廉洁的政治本色。

中国共产党立志于中华民族千秋伟业，百年恰是风华正茂。在新的赶考路上，我们要始终捍卫"两个确立"、做到"两个维护"、坚定历史自信，传承和发扬党的光荣传统和优良作风，从湖湘红色基因中汲取砥砺奋进的精神力量，推动中国特色社会主义事业的航船劈波斩浪、一往无前。

知其所来，方明所往。以史为镜、以史明志，用红色资源补钙壮骨，把红色基因融进血液，始终保持"赶考"清醒，激发伟大建党精神，在乱云飞渡中把牢正确方向，在风险挑战前砥砺胆识、风雨无阻、坚毅前行，湖湘儿女将开创属于我们这一代人的历史伟业。

谢兰兰　湖南省纪委监委党风政风监督室主任

着力点

如何一体推进"三不",建设清廉湖南?

"打虎"零容忍、"拍蝇"不手软、"猎狐"不止步,2022年开年不久,由中央纪委国家监委宣传部、中央电视台联合摄制的"年度反腐大片"《零容忍》播出,其内容瞬时成为热议话题。尤其是片中几只"大老虎"现身说法,更是让人们认识到了反腐败的严峻性和"永远在路上"的必要性。

就在节目热播之时,党的十九届中央纪委六次全会在北京召开,习近平总书记在会上发表重要讲话时强调,要保持反腐败政治定力，不断实现不敢腐、不能腐、不想腐（简称"三不"）一体推进的战略目标。

一体推进不敢腐、不能腐、不想腐，不仅是反腐败斗争的基本方针，也是新时代全面从严治党的重要方略。湖南省第十二次党代会提出，要坚定不移推进党风廉政建设和反腐败斗争，特别强调，要把严的主基调贯穿始终，使不敢腐、不能腐、不想腐一体化推进有更多的制度性成果和更大的治理成效。在奋力建设社会主义现代化新湖南，向着第二个百年奋斗目标迈进的新征程上，如何更有效地一体推进不敢腐、不能腐、不想腐是必须答好的时代课题。

把握前提，持续强化"不敢腐"的强大震慑

"这里，我再用重槌敲一下响鼓！"在学习贯彻党的十九届六中全会精神专题研讨班上，习近平总书记对来自各领域、各行业的党员领导干部说，"党中央的态度是非常鲜明的，不论谁在党纪国法上出问题，党纪国法决不饶恕！特别是对那些攫取国家和人民利益、侵蚀党的执政根基、动摇社会主义国家政权的人，对那些在党内搞政治团伙、小圈子、利益集团的人，要毫不手软、坚决查处！"字句铿锵，掷地有声。总书记之所以再度"响鼓重槌"，就是要彰显党中央惩治腐败的坚定决心，形成不敢腐的强大震慑。

"不敢腐"指的是纪律、法治、威慑，解决的是腐败成本问题，也是一体推进"三不"重要的前提。党的十八大以来，以习近平同志为核心的党中央站在历史的新起点上，坚持无禁区、全覆盖、零容忍，坚持重遏制、强高压、长震慑，坚持靶向治疗、精准惩治，重点查办了一批大案要案，不断压缩权力设租寻租空间，坚决遏制了腐败蔓延势头。以湖南为例，过去五年全省纪检监察机关立案121756件、处分112098人，比前五年分别增长123.6%、108.2%。特别是重点惩治"一把手"腐败，严肃查处陈三新、刘和生、龚武生、李荐国、杨懿文等原市委书记，深入开展了金融、涉矿、涉砂、工程建设等腐败多发领域专项整治。应该说经过持续以雷霆之势反腐惩恶，当前"不敢腐"的政治氛围已经呈现，"有腐必反"的高压态势已经形成，"有案必查"的威慑机制已经构建。

但是，我们必须清醒地认识到，腐败和反腐败较量还在激烈进行，并呈现出一些新的阶段性特征，一些人甚至滋生了已经严到位的厌倦情绪。对此，习近平总书记在党的十九届中央纪委六次全会上一连用了四个"任重道远"概括当前的反腐形势，"防范形形色色的利益集团成伙作势、'围猎'腐蚀还任重道远，有效应对腐败手段隐形变异、翻新升级还任重道远，彻底铲除腐败滋生土壤、实现海晏河清还任重道远，清理系统性腐败、化解风险隐患还任重道远"。四个"任重道远"，是我们党在反腐败斗争取得压倒性胜利并全面巩固后作出的新的重大判断，也是我们党在新时代新征程上要将反腐败斗争进行到底的强烈信号。

新年伊始，根据中央纪委国家监委网站通报，又有多名省部级领导干部涉嫌严重违纪违法接受审查调查，这再次警醒我们要保持清醒头脑，永远吹冲锋号，牢记反腐败永远在路上。只要存在腐败问题产生的土壤和条件，腐败现象就不会根除，我们的反腐败斗争也就不可能停歇。反腐败斗争要取得最终胜利，必须树立有腐必反、有贪必肃的坚强意志，坚持以无禁区、全覆盖、零容忍的态度惩治腐败，不断加大惩的力度，巩固严的氛围。特别是要重点查处不收敛、不收手，问题线索反映集中、群众反映强烈，政治问题和经济问题交织的腐败案件，要坚决查处"提篮子""打牌子""拉款子""借赌敛财""放贷牟利"等隐性腐败、新型腐败，让反腐"利剑"始终高悬，让"不敢腐"的震慑始终常在。

着眼关键，切实扎牢"不能腐"的制度笼子

2020年9月，三湘风纪网发布了一则消息，13家企业、36名个人因行贿等问题，被列入工程建设项目招投标突出问题专项整治第一批严重失信行为"黑名单"。自名单发布之日

学典型

大数据赋能清廉交易

湘西土家族苗族自治州依靠大数据赋能，用自防自控、智防智控、联防联控等方式，着力打造公共资源的清廉交易局面。2021年4月，湘西土家族苗族自治州在全省率先成立公共资源交易大数据中心，自主研发"阳雀"大数据监测预警平台，建立5大数据库，及时分析交易信息，特别是设立13个监测预警点，重点对交易文件创建标识码、文件制作机器码、高中标率等异常情况进行动态监测预警，让交易不良行为无处遁形。已累计监测发现疑似围标串标情况11起，其中，现场预警终止5起，移交相关行政监督部门处理6起。

起一年内,他们将受到限制从事招投标活动等一系列联合惩戒,一时间让行贿者胆战心惊。

行贿与受贿相伴而生、相互依存。然而长久以来,对行贿者的查处力度似乎远不及受贿者。行贿犯罪成本不高,行贿人不择手段"围猎"党员干部是当前腐败增量仍有发生的一个重要原因。

坚持受贿行贿一起查,是党的十九大作出的重要决策部署,是坚定不移深化反腐败斗争,一体推进不敢腐、不能腐、不想腐的必然要求,也是斩断"围猎"与甘于被"围猎"利益链、破除权钱交易关系网的有效途径。湖南在全国率先探索行贿人"黑名单"制度,既是惩治行贿人的重要举措,也是奠定受贿行贿一起查良好基础的制度保障。据统计,近年来湖南各级纪检监察机关已向检察机关移送审查起诉行贿人504人。这一制度的建立,对于打击行贿、铲除腐败滋生土壤起到了十分积极的作用。

不敢腐、不能腐、不想腐一体推进,"不能腐"最为关键。腐败的本质是权力滥用,反腐败必须强化对权力运行的制约和监督。习近平总书记在十八届中央政治局第二十四次集体学习时指出,铲除不良作风和腐败现象滋生蔓延的土壤,根本上要靠法规制度。要加强反腐倡廉法规制度建设,把法规制度建设贯穿反腐倡廉各个领域,落实到制约和监督权力各个方面，发挥法规制度的激励约束作用，推动形成不敢腐、不能腐、不想腐的有效机制。党的十八大以来，以习近平同志为核心的党中央把全面从严治党纳入"四个全面"战略布局，注重运用法治思维和法治方式来审视反腐败工作，高度重视并科学谋划中国特色社会主义反腐败制度建设，着力推动反腐败"标本兼治"朝着纵深方向不断发展，制度反腐的强大力量不断释放。在顶层设计方面，构筑了党统一领导反腐败斗争的体制机制，特别是深化纪律检查和国家监察体制改革，把巡视作为党内监督的战略性制度安排，进一步加强了党对反腐败工作全方位、全过程的领导。在制度建设方面，党的十八大以来，我们党坚持依法治国与制度治党、依规治党统筹推进、一体建设，坚持用制度治党、管权、治吏，先后组织制定修订了200多部中央党内法规。以2021年为例，《中国共产党纪律检查委员会工作条例》《中共中央关于加强对"一把手"和领导班子监督的意见》《中华人民共和国监察法实施条例》等一系列制度先后出台，把一体推进不敢腐、不能腐、不想腐的部署要求、经验做法转化为制度规范，为实现系统施治、标本兼治提供制度支持。

"纵有良法美意，非其人而行之，反成弊政。"制定制度固然重要，但制度的生命力在于执行。习近平总书记曾深刻指出，加强反腐倡廉法规制度建设，必须一手抓制定完善，一手抓贯彻执行。要真正形成"不能腐"的制度体系，一方面，要不断健全完善反腐败制度体系，扎紧约束权力的制度笼子，特别要紧盯权力集中、资金密集、资源富集、资产聚集的重点部门、重点领域、重点环节和重要岗位，完善权力清单制度，压缩权力任性空间。另一方面，要树立制度的权威性、增强制度的震慑力、提高制度的执行力，让铁纪发力、禁令得行、规矩生威，确保各项制度落地生根，真正做到用制度管权管事管人，坚决维护制度的严肃性和权威性。

扭住根本，筑固"不想腐"的思想堤坝

任弼时有"三怕"：一怕工作少，二怕麻烦人，三怕用钱多；徐特立有"三不要"：一不要有特殊思想，二不要有优越感，三不要脱离群众；黄克诚有"三不准"：不准动用公家汽车，不准找工作人员帮自己办事，不准靠他的什么"关系、后门"……党史学习教育期间，湘籍老一辈无产阶级革命家清正廉洁的佳话一次次被传诵，人们被他们清正廉洁的崇高风范深深触动。

"十步之内，必有芳草。"习近平总书记来湖南考察调研时多次深情表达对湘籍老一辈革命家的怀念和敬仰之情，多次强调要教育引导广大党员干部发扬革命传统，传承红色

讲故事

让廉政教育"活"起来

徐特立危难中毅然入党、陈树湘断肠明志、熊瑾玎公私分明、许光达主动让衔、毛岸英拒绝舅舅当官要求……2021年3月24日,在长沙县、长沙经开区、长沙会展新城党员领导干部廉洁从政教育活动上,一部红色廉政舞台剧《传承》以情景再现的方式,生动演绎了长沙县老一辈共产党员在中国革命与建设不同历史时期的5个感人故事,引导党员干部传承红色基因,汲取奋进力量,永葆清廉本色。

基因。湖南认真贯彻落实习近平总书记重要指示精神，从党的光辉历史中汲取砥砺奋进的精神力量，特别是在党史学习教育期间，湖南各地将廉洁教育融入党史学习教育，结合地方的红色资源，开展了丰富多彩的廉洁文化教育，引导各级党员干部以革命前辈的浩然正气、坦荡胸怀和清廉本色为榜样，时时处处事事严格要求，注重家教家风，自觉做到忠诚干净担当。

古人讲，"正气存内，邪不可干"。列宁也指出，"政治上有教养的人是不会贪污受贿的"。"不想腐"是一体推进不敢腐、不能腐、不想腐的根本，只有解决好世界观、人生观、价值观这个"总开关"问题，才能逐步实现从不敢腐、不能腐向不想腐的境界升华。在党的十九届中央纪委六次全会上，习近平总书记在谈及保持反腐败政治定力，不断实现不敢腐、不能腐、不想腐这一战略目标时曾郑重叮嘱："领导干部特别是高级干部要带头落实关于加强新时代廉洁文化建设的意见，从思想上固本培元，提高党性觉悟，增强拒腐防变能力。"

全面推进清廉湖南建设，着力营造干部清正、政府清廉、政治清明、社会清朗的政治生态和发展环境，必须重视理想信念教育和廉洁文化建设，永葆自我革命精神，切实让清正廉洁成为全省广大党员干部的共同价值追求，努力使

"不想腐"成为一种行为习惯、一种高度自觉。

要在强化理论武装中推进自我革命。持续推动习近平新时代中国特色社会主义思想学习教育走深走实，教育全省广大党员干部增强理想信念，永葆自我革命精神，不断强化宗旨意识，始终坚守初心使命，坚定捍卫"两个确立"、坚决做到"两个维护"，切实提高政治判断力、政治领悟力、政治执行力，筑牢秉公用权、为政清廉的思想根基。

要在传承红色基因中提升清廉自觉。充分发扬湖南红色资源富集的优势，加强红色资源的保护、开发和利用，建好用好红色教育基地，把红色文化、红色故事作为加强廉洁教育的鲜活教材，运用红色文化教育引导党员干部筑牢信仰之基、补足精神之钙，要持续巩固拓展党史学习教育成果，弘扬伟大建党精神，不断从党的百年历史中汲取廉洁政治基因和砥砺奋进的精神力量。

要在弘扬先进文化中涵养清风正气。深入挖掘和阐发湖湘文化中深蕴的崇德尚廉优秀传统，大力弘扬优秀传统文化，加强廉政文化教育基地建设，倡导形成"以廉为荣、以贪为耻"的社会氛围，通过涵养为政之德、加强廉政文化建设，引导全省广大党员干部崇廉尚洁，厚植"不想腐"的文化土壤。

值得注意的是，不敢腐、不能腐、不想腐是相互依存、相互促进的有机整体，不是三个阶段的简单划分，也不是三个环节的彼此割裂。"不敢腐"是"不能腐"的前提，重在惩治；"不能腐"是"不想腐"的保障，重在制约；"不想腐"是前两者的防线，重在自律。三者任何一方滞后，都会影响反腐败整体进程和综合效果，必须强化协同，一体推进。把落实"三不"一体推进方针方略贯穿正风肃纪反腐全过程各方面，要求我们深刻把握其内在逻辑，加强顶层设计，相互照应衔接，让惩治震慑、制度约束、提高觉悟一体发力，只有这样才能增强反腐败斗争的主动性、系统性、实效性，真正实现建设清廉湖南的目标。

吴 金　新湘评论杂志社主任编辑

后　记

湖南省第十二次党代会为全省人民描绘了全面建设富强民主文明和谐美丽的社会主义现代化新湖南的美好蓝图。《新湖南　新征程》的编辑出版应时应势应需，助力全省人民学懂弄通做实党代会精神和要求，助推积极投身全面落实"三高四新"战略定位和使命任务的火热实践。

本书高扬习近平新时代中国特色社会主义思想伟大旗帜，基于省第十二次党代会报告，紧紧围绕国家重要先进制造业高地、具有核心竞争力的科技创新高地、内陆地区改革开放高地、经济高质量发展等关键词，精选与湖南经济社会发展息息相关的三十余个方面作为着力点，邀请省内相关厅局领导和各领域专家学者从不同角度撰文，表达认识，提出想法和做法，为建设社会主义现代化新湖南营造氛围、提供精神和智力支持。

中共湖南省委宣传部领导、指导本书的编写出版。省委常委、宣传部部长杨浩东肯定该书创意，给予悉心指导。常务副部长、省新闻出版局局长蒋祖烜审定书稿，提出宝贵意见。出版处处长后毅统筹、协调。省委政策研究室（省委财经办）、省委改革办的领导审阅提纲，参与撰写。省内相关部门和单位负责同志以及各领域专家学者大力支持，提供想法，精心撰写。湖南出版投资控股集团党委书记、董事长，中南出版传媒集团董事长彭玻提出创意并策划，总体统筹，全力保障。在此，一一表示衷心的感谢！

由于时间仓促，篇幅有限，本书不周之处在所难免，恳请读者批评指正。

《新湖南　新征程》编写组

2022年1月

本作品中文简体版权由湖南人民出版社所有。
未经许可，不得翻印。

图书在版编目（CIP）数据

新湖南 新征程 /《新湖南 新征程》编写组编．—长沙：湖南人民出版社，2022.1（2022.6）
　ISBN 978-7-5561-2891-4

Ⅰ. ①新… Ⅱ. ①新… Ⅲ. ①区域经济发展—研究—湖南 ②社会发展—研究—湖南 Ⅳ. ① F127.64

中国版本图书馆 CIP 数据核字（2022）第 021354 号

XIN HUNAN XIN ZHENGCHENG
新湖南 新征程

编　　者	《新湖南 新征程》编写组
责任编辑	吴向红　杨　纯　吴韫丽　马淑君
助理编辑	何　萌
设计总监	虢　剑
装帧设计	谢俊平
插图设计	许婷怡
责任印制	肖　晖
责任校对	丁　雯　唐水兰

出版发行	湖南人民出版社［http://www.hnppp.com］
地　　址	长沙市营盘东路3号
邮　　编	410005
经　　销	湖南省新华书店
印　　刷	湖南凌宇纸品有限公司
版　　次	2022年1月第1版
印　　次	2022年6月第4次印刷
开　　本	710 mm × 1000 mm　1/16
印　　张	24.5
字　　数	222千字
书　　号	ISBN 978-7-5561-2891-4
定　　价	68.00 元

营销电话：0731-82221529　（如发现印装质量问题请与出版社调换）